공존을 위한
인문 무크지 아크 1

휴먼

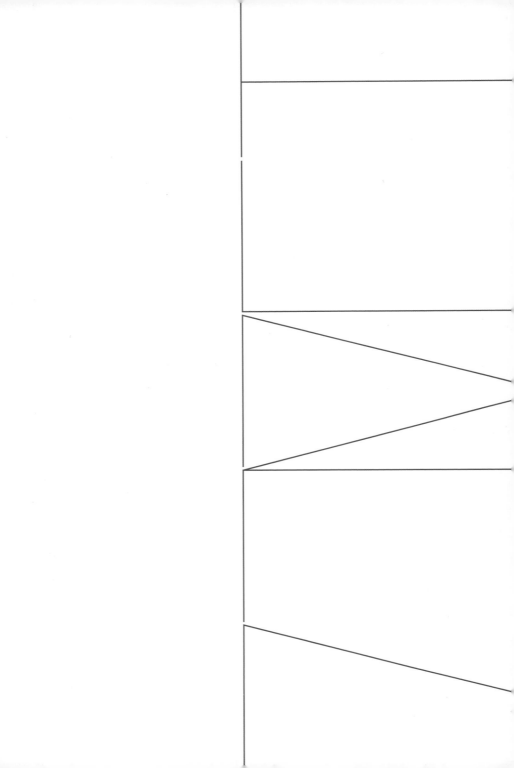

휴먼

허동윤

구덕전통문화체험관, 부산영화체험박물관, UN 평화기념관, 문화콘
텐츠콤플렉스, 양산종합복지허브타운 설계와 부산항 북항2단계 재
개발 사업화 전략 아이디어 개념구상 국제공모 당선작 등의 대표 작
품을 가지고 있다. 부산다운건축상, 문화체육관광부장관상, 부산광
역시장상, 국회부의장상, 부산예술대상 등 다수의 수상 경력과 한국
건축가협회 부산건축가회 회장, 한국건축가협회 부회장, 부산건축
제 부집행위원장, 한국예총 부산광역시 연합회 부회장, 한국문화공
간건축학회 부회장, 대한건축학회 부회장을 역임했다. 현재 ㈜상지
엔지니어링건축사사무소 대표다.

시대와 인류의
가치를 생각하는
담론장 되길

상지건축은 인문학 아카데미를 진행하고 있습니다. 지금은 인문학 강의 = 상지건축이라는 등식이 성립될 정도로 세간의 인기를 얻었지만 처음에는 건축사사무소에서 무슨 인문학이냐는 질문을 자주 받았습니다. 그때마다 건축은 예술임을, 인문학이 건축의 필수조건임을 강조했습니다. 함께 일하는 직원들을 위해 구상한 인문학 강좌가 지역과 상생할 수 있도록 시민과 함께 지역사회에 뿌리를 내린 지 벌써 5년이 지났습니다.

2020년, 코로나19로 인해 인문학 아카데미를 계속 연기하면서 대면 강의는 기약할 수 없는 상황에 이르렀습니다. 그러나 언제까지 속수무책으로 기다릴 수만은 없었습니다.

4차 산업혁명이 가속화하는 지금, 이른바 문사철문학, 역사, 철학로 대변되는 인문학이 위기라고 합니다. 문명화로 인류 삶의 질은 높아졌지만 정신의 피폐와 공허함은 더 커지고 있는 아주 역설적인 상황입니다. 시대와 인류의 가치를 생각하는 담론의 장이 절실합니다.

　　인문학 아카데미는 유튜브 채널을 만들어 비대면 생방송으로 진행하고 있습니다. 몇 년 전부터 논의해 온 인문학 담론의 장을 열 때가 왔습니다.

　　수많은 잡지가 있으나 예술과 인문을 망라하는 잡지는 흔치 않습니다. 인문 무크지 『아크』는 흔치 않은 길을 선택했습니다. 예술과 인문 모두 아우를 예정입니다.

　　'건축은 문화의 표현이다.'라는 말이 있습니다. 달리 말하면, 건축은 눈에 보이지 않는 인문 문화를 보여주는 실체인 것이지요. 그래서 건축가의 어깨가 더욱 무겁습니다. 인문학에 더욱 매진해야 하는 이유입니다.

　　매달, 혹은 계절마다 정기적으로 발행하고 싶지만 이 또한 녹록지 않습니다. 비정기 간행물로 시작하지만 앞으로는 정기 간행물로 발전하기를 기대합니다. 그리하여 많은 사람의 갈증을 해소하고 영혼을 맑게 해드리고 싶습니다.

여는 글

인문 무크지 제호를 『아크ARCH-』로 정했을 때 '아치 ARCH'가 먼저 떠올랐습니다.

건축사에서 '아치'의 발견은 획기적인 것이라 할 수 있습니다. 아치는 가장 단순하고 튼튼한 기본 구조방법입니다. 균형 잡힌 아치가 공간을 더욱 넓고 깊게 만듭니다. 아치의 발견과 발전에 따라 공간은 더욱 단단한 구조가 됩니다.

'아크ARCH-'가 가진 세상의 근원, 으뜸이라는 뜻에 균형 잡는 '아치ARCH'가 더해져 인문 무크지 『아크』는 세상에 필요한 모든 담론을 균형 있게 담아내겠습니다.

고영란

월간 예술부산 기자, ㈔한국예술문화비평가협회 사무국장과 계간
『예술문화비평』 편집장을 지냈다. 현재 ㈜상지건축에서 인문학아
카데미를 기획, 진행하고 있으며 인문 무크지 『아크』 편집장이다.

Editor's letter

상아탑에서 밀려난 인문학이 학교 밖에서 자라고 있습니다. 평생교육원과 TV, 유튜브에서 다양한 인문학 강좌가 열립니다. 대학에서 인문학자들이 학문을 연구할 자리는 점점 줄어들고 있지만 사회는 예전보다 훨씬 더 많은 스타 강사를 원합니다. 대학 밖에선 인문학 위기가 아니라 인문학 열풍입니다. 인문학이 학문으로 대학 안에만 존재할 이유는 없습니다. 다만, 학문적 가치는 가치대로 깊어지고, 세상의 변화에 민감히 반응하는 움직임은 멈추지 말아야 한다는 바람입니다. 무거운 건 무거운 대로 깊이 뿌리내리고 가벼운 건 가벼운 대로 날아다니며 씨를 뿌려야 합니다. 그렇게 인문학이 깊고 넓어질 때 공감과 소통의 폭도 커질 겁니다. 이것을 '인문학 운동'이라 부르겠습니다.

인문 무크지 발간을 편집위원들과 논의하면서 가장 고민한 것은 정체성입니다. 인간 자체가 이 세상에 새겨진 무늬라 보는 것이 인문이라면 어떤 무늬를 그려야 할지를 고민했습니다.

무크지 이름을 『아크』로 정하는 과정에서 'arch-'로 시작되는 단어가 많이 나왔습니다. archive, architecture, archi 등의 단어가 공유하는 으뜸인, 인간과 세계의 근원에 대한 성찰을 담은 'ARCH', 건축 구조방법에서 중요하게 균형을 잡는 역할을 하는 'ARCH', 거기에 '아크'로 발음되는 'Ark' 방주까지 모두 무크지 『아크』가 지향해야 할 것이었습니다. 이 모든 의미를 담아 『아크』는 인문정신 위에 미래의 담론을 균형 있게 쌓아 가겠습니다.

첫 주제는 '휴먼'입니다. 인간 중심이 아니라 인간적인 내용을 담았습니다. 어떻게 살 것인가, 잘 살고 있는가, 내가 속한 공동체가 아름답고 정의롭고 바람직한가에 대한 이야기를 담박하게 풀어내려 노력했습니다.

첫 장을 열어 만나는 포토 갤러리 〈자갈치 휴먼〉은 정남준 사진작가의 작품입니다. 소복하게 담긴 밥 한 공기가 가슴을 따스하고 아릿하게 만듭니다. '밥 뭇나?' '밥 잘 먹고 다니라' 우리에게 밥은 정이자 생명입니다. 『아크』가 독자에게 드리고 싶은 마음도 그렇습니다.

글은 총 23편입니다. 처음에는 특집, 공간, 국제, 문화, 이렇게 네 가지 섹션으로 구성했으나 형식적인 것 같아 구분 짓기를 그만두었습니다. 대신, 「인문학 산책」 이성철 「공자, 맹자, 인간」 배병삼 「칼과 흙」 장현정 은 총론과 같은 글로 앞부분에 실었습니다. 인문이 무엇인지, 인간답다는 게 어떤 것인지, 어떤 눈으로 세상을 바라보고 소통해 가야 하는지를 누가 봐도 공감할 수 있도록 풀어낸 글입니다. 총론 격인 3편을 뺀 나머지 20편은 건축, 문학, 미술, 역사, 음식, 음악, 영화, 동아시아를 다룹니다. 어떤 이념이나 주의에 빠지지 않고, 우리끼리 하는 작업이 되지 않도록 끊임없이 스스로를 의심하겠습니다.

머리로 하는 인문학이 아니라 가슴을 움직이는 인문학, 그리하여 살아 움직이는 '실천의 인문학'이 되어야 한다고 매번 다짐합니다. 작은 일에도 정성을 다해야 한다는 것도 잊지 않겠습니다. 지극한 정성이 모여 일으키는 파동이 마침내 변화를 가져온다는 것까지 말입니다.

아크 창간호를 펴내며
편집장 고영란

자갈치 휴먼

정남준

사회다큐사진집단 〈비주류사진관〉 상임대표. 2014년 개인전 〈남문구는 그리움이다〉를 시작으로 2019년 〈오래된 현재〉까지 여러 차례 사진전을 통해 사회와 소통하고 있으며 2019년 사진집 『잘 지내나요』를 발간했다. 2020년 11월 제7회 대한상의 사진 공모전에서 최우수상을 수상했다.

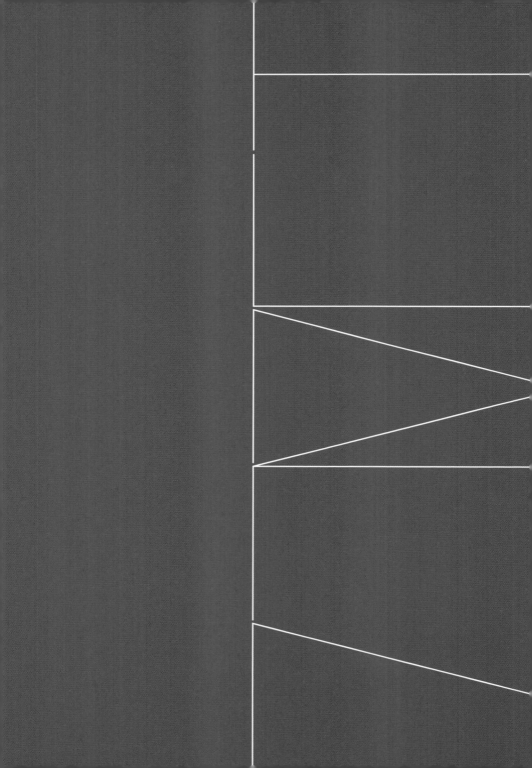

이성철

창원대학교 사회학과 교수이며, 산업 및 노동사회학을 가르치고 있
다. 산업 문제를 문화의 시각에서 바라보려는 관심으로 여러 논문과
단행본을 썼다. 대표적인 저서로 『영화가 노동을 만났을 때』 『안토
니오 그람시와 문화정치의 지형학』 『노동자계급과 문화실천』 『경남
지역 영화사』가 있다.

필자

인문학 산책

인문人文의 근본적인 지향점은 인仁이고 신信이다. 인과 신은 모두 인간관계를 담고 있는 말들이다. 인은 두二 사람人이 마주 보고 서 있는 모습이고, 신은 사람들人 사이에 말言이 오고가는 모습이다. 그래서 인문학은 사람들끼리 진솔한 이야기나 지혜를 나누는 것이라 할 수 있다. 그래야 사람들의 가슴에 무늬가 생겨서 또 다른 사람이나 공동체로 퍼져나간다. 사람들의 무늬가 퍼져나가는 것이므로 인문人紋이라고도 한다. 즉 사람들 사이의 무늬는 다양한 파동과 간섭 등을 일으키면서 세상과 구체적으로 만나게 된다.

우리가 일상적으로 쓰고 있는 인간人間이라는 말은 원래 '인생세간人生世間'에서 온 말이다. '사람=인간'이라는 현재의 사용법은 일본식 한자 조어에서 비롯된 것이라는 주장도 있다. 이미 당연한 듯 이렇게 사용하고 있으니 별 문제는 없다. 그러나 원래의 뜻도 이참에 함께 새겨두면 좋겠다. 왜냐하면 여기에 앞서 말한 인문의 정신이 들어있기 때문이다. 인생세간을 그대로 풀이하면 '사람이 사는 세상'쯤이 된다. 이 말이 처음 사용된 때에는 '사람=인간'이기보다는, '사람=인간이 사는 세상'이라는 의미였다. 우리가 자주 인용하는 고사성어 몇 가지만 살펴봐도 인간=사람이 아니었음을 알 수 있다. 예컨대 '인간만사 새옹지마 人間萬事 塞翁之馬'에 나오는 인간은, 사람들의 희로애락이 스며든 생활세계즉 인생를 뜻하는 것이었다. 우리말 사람은 이러한 뜻을 더욱 또렷하게 보여준다. '사람'의 옛말은 '사롬'이다. 이 말은 '살다'에서 온 것이다. 살아있는 모든 생명들을 존중하는 관계의 철학을 잘 보여주는 것이라 할 수 있다. 그러므로 세상이라는 말속에는 생물학적 개체 또는 개인으로서의 인간만이 아니라 함께 모여 지내는 존재들을 귀하게 여기는 사회학적 내용도 들어있다. 즉 '사람이 사는 세상'의 주어는 사람인 것 같아 보이지만 오히려 주어 못지않게 중요한 무게를 가지는 세상을 함께 강조하고 있는 셈이고 인간과 삶을 함께 일컫는 말이기도 하다. 달리

터0

말하면 사람과 세상 간의 상호작용, 사람과 사람 간의 관계를 함께 이르는 말이 지금 우리가 사용하고 있는 인간의 원래 뜻인 셈이다. 앞서 글머리에서 인문의 지향점이 인과 신이 되어야 한다고 말한 것과도 서로 통한다.

2.

우리에게도 친근한 일본 미술인 '우키요에 浮世繪'에도 세상 '세世'자가 들어있다. 우키요에는 에도시대의 세태와 풍속을 담은 목판화들을 일컫는다. 우키요 浮世는 '잠시 동안만 머물 현세라면 조금 들뜬 기분으로 마음 편히 살자'는 긍정적인 의미가 들어있다. 이러한 뜻으로 알려지기 전의 우키요는 발음은 같지만 한자를 달리하는 '근심스러운 세상 憂世'으로 회자되었다. 여기서 말하는 세상은 '사회'와 다름 아니다. 우키요에 그림이 융성했던 곳은 교토나 오사카와 달리 당시 문화적으로나 경제적으로 후발 신흥도시였던 에도 江戸, 도쿄의 옛 이름였다. 그리고 이 그림이 유행했던 시기는 에도 시대 중에서도 덴나 天和 연간에 해당하는 1681~1684년경이었다. 이 시기를 특별히 주목하는 이유가 있다. 우키요에의 세상은 당대의 '사회'를 담은 풍속화이지만 이 시기에는 아직 '사회'라는 개념이 정착하지 못한 때이기도 했다.

우리가 일상적으로 흔히 쓰는 사회society라는 단어는 일본에서 번역되어 들어온 것이다. 메이지 10년대 1868~1877 무렵부터 사회와 관련된 다양한 말들이 창안되고 활발하게 사용하기 시작했다. 사회라는 단어는 복잡다단하고 다양한 번역 과정을 거치면서 1874년경에 처음 등장한다. 하나의 단어가 등장하는 것과 인문학의 정신은 어떤 관계가 있을까? 모든 이론이나 개념, 그리고 단어 등은 사회적 진공상태에서 태어나지 않는다. 역사나 시대의 상황 등이 반영되어 나타나기 때문이다. 일본에서는 사회라는 말이 등장하기 이전에는 사회에 대응하는 현실이 없었다고 한다. 즉 좁은 범위의 인간관계만을 나타내는 말들만 있었다는 것이다. 당대의 사람들은 독자적인 개인으로 존재한 것이 아니라 신분으로서만 존재했기 때문이다. 그래서 세상은 힘들고 애환이 많은 것으로 묘사되었고 이를 반영하고 그림으로써 발산하고 소비하려는 욕망의 결과 중의 하나가 우키요에였다. 신분 관계가 반영된 '세상'이라는 개념은 보다 긍정적인 '사회'라는 개념으로 바뀌기 시작한다.

그러나 이러한 변화도 순조로운 것이 아니었다. 메이지 초기 민중들 사이에서 다양한 결사체들이 만들어진다. 'ㅇㅇ社'라는 이름을 붙인 단체들이 그것이다. 『고독한 미식가』의 저자로 잘 알려진, 다니구치 지로의 만화『도련님의 시대』를 보면 '사회' 개념에 대한 탄압 이야기가 나온다. 메이지 유신의 공신으로 두 번이나 일본 총리를 지낸 야마가타 아리토모는 '사회'라는 단어를 지극히 싫어했다. 일본 군벌의 아버지로도 불렸던 그는 일본 육군에서 '사회'라는 말의 사용을 금지시켰고, 심지어 '사회'를 '지방', '일반 사회인'을 '지방인'이라고 부르도록 지시했다. 독일의 비스마르크가 사회주의를 금지했다는 이유 하나만으로 사회민주당의 결성도 봉쇄해버렸다. '사회'라는 말을 쓴 것만으로도 불온사상을 가진 자로 간주되는 시대였다.

말이나 글, 그리고 생각이 자유롭지 못하면 인문의 정신은 지체된다. 왜냐하면 말-글-얼은 함께 가는 것인데 이를 억압하면 인간 전체가 뒤틀리기 때문이다. 사람들의 삶이 어려워지면 인仁과 신信의 내용은 사라져버리고, 우키요浮世에서 다시 '근심스러운 세상' 憂世으로 돌아버린다. 말은 원래 인간의 형상을 하고 있다. 한자 '말씀 언言'은 머리, 눈, 코, 입을 가진 사람의 모습을 상형화한 것이다. 그러나 사람의 말에는 다양한 층위가 있다. 소리音와 뜻意이 그것이다. 음音을 파자破字해보면, '설 립立'과 '가로되 왈曰'로 구성된다. 그런데 뜻意은 '설 립立+가로되 왈曰+마음 심心'으로 되어있다. 모름지기 사람의 말言은 마음 깊은 곳에서 되새겨져서 우러나와야 한다는 의미로 생각할 수 있다. 반면 소리音는 단순히 입술 위에서만 비롯되는 것이다. 말을 금지시키면 요란한 소리들만 난무하게 된다. 그러나 엄혹한 시절에도 이러한 소음을 뚫고 인문의 정신은 복류하고 있었다. 도타운 사람들 간의 관계를 위한 노력들이었다.

3.

인문학 공부는 사람이 중심이지만 사람과 사람, 사람과 자연, 사람과 환경들 간의 바람직한 관계를 중요하게 여긴다. 예컨대 공부의 '공'工자를 살펴보면, 천-지-인의 형상을 하고 있다. 이 한자에서도 볼 수 있듯이 공부는 자신의 입신과 득위만을 위해서라기보다는 하늘과 땅을 잇는 관계적 존재로서의 인간을 강조하고 있음을 알 수 있다. 즉 공부의 사회성을 보여주고 있는 것이다. 사람의 무늬人紋가 동심원을 그리듯 널리 퍼져가면서 인생세간을 더욱 풍요롭게 만드는 것이라고 할 수 있을 것이다.

영미권에서는 인문학을 '휴매니티즈' Humanities라 부른다. 이들 역시 인간을 공부의 본위로 삼고 있음을 볼 수 있다. 그러나 앞에서도 강조하였듯이 인문학은 오직 사람만을 중심으로 한 것이 아니라 폭넓은 관계를 지향하는 앎

의 방편이다. 로버트 로드리게스 감독의 영화 〈알리타〉
에는 사이보그가 여주인공으로 나온다. 그녀의 이름이 알
리타이다. 영화의 한 장면에서 남녀 주인공들은 다음과 같
은 대화를 나눈다.

　　알리타 : 난 '인간'이 아닌데...?
　　휴고 : 넌 '인간적'이야...

　'인간적'이라는 대사 한 마디에 이 영화의 핵심적인 내
용이 담겨있을 뿐만 아니라, 인간만을 유일한 존재로 보는
시각에 대해 돌아보게 만든다. 중견 사진작가인 김문호 선
생님의 강의를 들은 적이 있다. 강의 말미에 다음과 같은
말씀을 하셨다.
　"저는 형용사나 부사가 많은 사진을 찍고 싶습니다."

　지금까지 인문학의 산책길에서 주운 생각들을 펼쳐보
았다. 생각思은 마음心의 밭田이다. 씨 뿌리고 갈고 거두
어들이는 노동이기도 하다.

배병삼

영산대학교 자유전공학부 교수이며 경향신문, 한겨레신문, 국제신문, 부산일보 등에 시론과 칼럼 등을 연재해왔다. 『논어, 사람의 길을 열다』『우리에게 유교란 무엇인가』『공자, 경영을 論하다』『한글세대가 본 논어』『풀숲을 쳐 뱀을 놀라게 하다』등의 저서가 있다. 2020년 『맹자, 마음의 정치학』(전 3권)으로 제3회 롯데출판문화대상을 수상했다.

타오

공자, 맹자, 인간

사람이라고 다 사람이냐?

사람이란 무엇인가? 서양에서 사람은 창조주 하나님의 아들이다. 애당초 "바다의 물고기와 공중의 새와 육축과 온 땅과 땅에 기는 모든 것을 다스리"는 창세기 특권을 부여받은 존재다. 동아시아에는 그런 하나님이 없다. 따라서 천부의 특권도 존재하지 않는다. 강아지가 암캐와 수캐의 자식이요, 망아지가 암말과 수말의 새끼이듯 사람 역시 고작 그 아비와 어미의 자식일 따름이다. 창조설 운운하는 서양이 다윈의 진화론에 충격을 받아 뒤흔들렸지만, 동양은 진화론을 무덤덤하게 받아들인 것도 이런 생명 기원의 평등성에서 비롯한다.

유교적 인간의 기원을 논하기로는『효경』제1장 만한 글이 없다. "몸뚱이, 뼈대, 머리카락, 살갗은 다 부모로부터 받은 것이다."**신체발부身體髮膚, 수지부모受之父母** 여기서 사람 몸의 기원이 제 아버지와 어머니로부터임을 표나게 선언하고 있다. 기독교인의 몸은 하나님이 당신 모습을 본떠 만드셨기에 '하나님 아버지'라고 기리지만, 유교의 몸은 아비와 어미의 합작품이다**태극에 음과 양이 서로 감싼 형상이 그 상징이다.** 그래서 저쪽에서 하나님을 아버지로 신앙한다면, 여기서는 부모님을 효도로써 기린다.

한자 人間**인간**은 사람다움에 대한 유교의 철학을 잘 보여준다. '人-間'은 '사람-사이'라는 뜻이다. 사람은 부자지간**父子之間**의 사이에서 태어나 '형제지간'의 사이에서 성장하고, 사제지간, 붕우지간의 사이 속에서 살아가는 존재임을 압축하고 있는 말이 인간이다. 한국사회에서 '인간'이란 단어는 사람을 뜻하는 한자식 표현 정도로 쓰이고 있지만, 그 함의는 철학적이다**소크라테스도 고대 희랍의 시장통 언어를 철학적 개념으로 활용했다. 모든 철학 개념은 그 당시 속어에 불과하다.** 인간이라는 단어 속에는 사람이 곧 '사이의 존재'라는 선언이 들어있다**하이데거를 빌리자면 'Mit Zein' 즉 '사이 존재'가 '인간'의 본래 뜻이다.** 따라서 사람다움은 타고난 몸을 잘 건사하는 것도 중요하지만, 이보다 사람의 사이, 관계를 어떻게 운영하느냐에 달렸다.

다시금 '사람의 사이'를 중차대한 문제로 인식하는 것이 유교의 인간관임을 명심하자. 예컨대 교수라는 명칭은 '가르쳐敎 주는授 사람'이라는 뜻이다. 주는 사람이 있으면 받는 상대방도 있기 마련이다. 그 상대방은 '강의를 접수하는 사람'이니 곧 수강자受講者다. 교수가 수강자와의 '사이'를 어떻게 유지하느냐에 따라 '교수님'으로 존경받을 수도 있고, 혹은 '교수놈'으로 추락하기도 한다. 이것이 '하얗게 선 칼날 위를 걷는 것보다 중용을 행하기 어렵다'라는 말의 뜻이다. 역시 아비와 자식 사이, 남편과 아내 사이도 아슬아슬한 '관계의 가는 선'을 갖고 있다. 이 관계의 선을 유지하지 못하면, 즉 사람의 사이人-間가 망가지면 사람은 이미 사람이 아니고 짐승으로 추락한다. 우리 욕설 속에 '개'가 그렇게 많이 등장하는 이유도 여기 있지 싶다. 기독교가 하나님 아버지를 깊이 신앙하면 죽어 천당으로 간다는 상승의 종교라면, 유교는 사람이 사람다운 짓을 하지 못하면 짐승으로 추락한다는 하강의 종교라고도 할 수 있다.

오랜 유교 문화에 젖은 우리 속담에는 유교적 가치관이 많이 들어있다. 예컨대 '사람이라고 다 사람이냐? 사람 짓을 해야 사람이지!'라는 꾸지람이 그렇다. 여기 '사람 짓'이란 "사람의 사이를 어떻게 운용할 것인가"라는 과제를 뜻한다. 제 한 몸 건사하는 일보다 사람 사이를 잘 운용하는 데 사람다움의 가치가 달려있다는 말이다. 그 사람 사이를 운용하는 기술을 예禮라 부르고, 사람의 사이를 잘 운용하여 '인간다움'을 성취한 사람을 군자라고 칭한다. 그리고 사람다움의 운영법을 통틀어 인仁이라고 이른다. 그러면 인이란 무엇인가?

내가 변할 때 세상이 바뀐다.

다산 정약용은 '仁'이라는 한자를 쪼개는 '말장난'을 했는데, 난삽한 '인'을 이해하는 지름길로 쓸만하다. '仁'의 한가운데에 칼집을 넣으면 '亻'과 '二' 둘로 쪼개진다. 두 조각을 번역하면 '사람 둘', 즉 두 사람이 된다. 이를 바탕으로 다산 선생은 "인이란 두 사람인데, 두 사람이 서로 더불어 사는 것"仁者二人也. 二人相與者也 이라고 번역해낸다. 여기 두 사람은 '나와 너'를 뜻한다. 다만 '너'가 계속 바뀐다. 네가 자식이라면 나는 아비가 되고, 네가 학생이면 나는 선생이 되고, 네가 동생이라면 나는 형이 되는 식이다. 즉 나는 너와 나의 관계 속에 존재하는 것인데, 이 사이를 잘 유지할 적에, 즉 소통할 적에 '인'이 된다는 말씀이다. 다시 말해 순간순간 변화하는 상대방과의 '사이'를 잘 영위하는 것이 인이다.

누가? 내가! 어디서? 지금 여기서! 그러니까 저 멀리 천하를 잘 다스리는 것이 인이 아니요, 수만금을 뿌려 천만 사람을 구제한다고 인이 아니다. 나와 가장 가까운 상대방에게 손을 내밀어 서로 함께하려는 노력 속에 '인'이 피어난다. 이것이 유교의 사람다움의 특징이다.

보통 나와 가장 가까운 관계는 가족이다. 사람은 가족 속에서 태어나기 때문이다. 이 속에서 함께 사는 법을 부모로부터 배우고 형제간에 부대끼면서 익히게 된다. 그래서 유교는 가정을 사람다움의 바탕으로 여긴다. 여기서 몸에 익힌 사랑법을 이웃과 마을, 나아가 나라와 천하로 펼쳐 가는 것이 인의 행로가 된다. 이것을 수신-제가-치국-평천하로도 표현한다.

그런데 왜? 가족은 그렇다 치더라도, 무엇 때문에 내가 남과 함께해야 하는 것일까? 왜 내가 먼저 손을 내밀어야 하는 것일까? 이건 좀 설명이 필요하다. '나'라는 존재가 하늘로부터 떨어진 것이 아니고 즉 하나님의 아들이 아니라 부모로부터 태어난 존재임을 앞에서 논했다. 이 말은 내가 태어나면서부터 '빚진 자'라는 뜻이다. 효행이란 그 빚을 갚는 행동으로 이해할 수 있다. 잘 생각해보면 지금 나의 삶 전체가 남의 덕택이다.

몸은 부모로부터 빚졌고, 농부들이 만든 쌀과 고기로 내 몸을 건사하고 있다. 또 옷과 신발, 안경과 집도 낯선 타인들이 제공한 것이다. 어제저녁 마신 맥주는 저 먼 벨기에의 브루어리가 만들어 보낸 것이다. 내 머리카락도 내 손으

로 자르지 못하고, 내가 죽으면 남은 육신도 남이 처리해야
한다. 나면서부터 죽는 순간까지 남의 손에 의탁하고 있는
것이 이 '잘난 나'의 정체다. 이런 점에서 나는 통째로 남에
게 빚진 사람이다. 부모, 이웃, 농부, 어부, 광부, 그리고 먼
나라의 낯선 사람들. 나아가 동물과 식물, 공기와 물에조차
빚지고 살아가는 인생이다.

공자는 여기서 '내가 왜 남과 함께 해야지?'라고 되묻
는 나의 정체를 직시하기를 권한다. 실제로는 남과 관계 맺
지 않고는 단 하루도 살아갈 수 없는 것이 '진짜 나'라는 사
실을 똑바로 보라고 권한다. 공자는 이것이 '나'라는 존재
의 정체요 나아가 모든 인간의 진실이라고 주장한다. 수제
자 안연이 인仁을 물었을 때 내린 공자의 답변에 주목해야
하는 까닭이다.

안연이 인(仁)을 여쭈었다.
공자, 말씀하시다.
"극기복례(克己復禮)라,
단독자로서의 나를 이겨내고
상대방과 함께하는 순간 '인'이 되지.
단 하루라도 극기복례할 수 있다면
온 세상이 문득 '인'으로 바뀔 거야.
다만 이 변화는 나로부터인 게지,

남으로부터가 아님이랴!"[1]

극기복례는 우리에게 낯익은 말이다. 극기란 '나를 이긴다'는 뜻인데, 여기 나ㄹ란 '내가 왜 남과 함께 살아야 하지?'라고 질문하는 나다. 보고 듣는 감각에 사로잡혀 너와 나를 구분하고 너를 나의 도구로 삼는 나, 곧 에고ego 덩어리가 '기'다. '극기'란 에고를 부수고 트인 마음으로 상대방에게 손을 내미는 것이고, '복례'란 너와 나의 경계가 툭 터지면서 '우리'로 승화하는 과정이다. 오해하기 십상이지만 복례의 예禮는 리바이어던으로 몸을 바꿔 사람을 잡아먹던 조선 말기의 경직된 의례들을 뜻하는 말이 아니다. 여기 예란 너와 나의 사이에 난 통로들을 말한다. 아비와 자식 사이에 난 통로가 부자간의 예요, 선생과 학생 사이에 난 통로가 사제 간의 예다. 즉 너와 나 사이의 소통로가 예다. '복례'에는 '함께 더불어 살기'가 사람의 본래 가치라는 뜻이, 더불어 살 때라야만 사람의 사람다움이 드러난다는 생각이 전제되어 있다. 그러므로 복례의 복復에는 지금 나 에고 중심의 세계를 벗어나 '우리'의 세계로 되돌아가자는 지향성이 들어있다.

복례의 세계는 남과 함께 더불어 살아가기, 즉 '우리'가 되는 곳이다. 내 등 뒤에는 눈에 보이지 않는 수많은 타인이 존재하고 있다. 내 몸뚱이는 부모님으로부터 받은 것

---

1   顏淵問仁. 子曰 "克己復禮爲仁. 一日克己復禮, 天下歸仁焉. 爲仁由己而由人乎哉."(논어, 12:1)

이요, 음식은 농부에게 빚지고 있다. 나아가 현재의 '나'는 아들과 아내 그리고 학생들과 관계 맺고 있기도 하다. 극기 복례란 수많은 이웃과 함께할 때라야, 겨우 내가 존재할 수 있다는 뒤집힌 진실을 깨닫는 일이다. 다만 안연에게 준 가르침의 끝마디도 주의해야 한다.

"이 변화는 나로부터인 게지, 남으로부터가 아님이라!"

그렇다. 내가 먼저 손을 내밀어 상대방 손을 잡을 때라야, 너와 나는 우리로 변화한다. 내가 먼저 손을 내미는 것이 '극기'요, 그대의 손을 잡는 것이 '복례'요, 우리로 변모하는 순간이 '인'이다. 극기복례란 상대를 나와 동등한, 그러면서도 나와 또 다른 주인공으로 영접할 때 '우리'로 변모하는 과정이다. 요컨대 "단독자로서의 나를 극복하고 상대방과 더불어 하는 순간 인이 되지"라는 공자 말씀은 "내가 변할 때라야 세상이 바뀐다"로 재번역할 수 있다. '내가 있기에 네가 있다'라는 자기애自己愛로 가득 찬 일상을 뒤집어 '그대 덕택에 내가 존재한다'로 전환하는 순간, 평화와 공존의 길이 툭 열린다. 공자는 이 전환의 극적인 순간을 "단 하루라도 극기복례할 수 있다면 온 세상이 문득 인으로 바뀔 거야"라고 표현한 것이다. 여태 '나'만이 존재하던 세계, 혹은 '내가 있음으로 네가 존재한다'라는 오만한 생각으로부터 '그대들, 부모, 형제, 농부, 벗들이 있기에 겨우 내가 존재할 수 있다'는 생각으로 바꾸는 순간 '함께하기'가 가능해지는 것이다.

그렇다면 사람다움은 결코 홀로, 따로, 눈에 보이는 사물로서 존재하는 것이 아니다. 사람다움은 너와 나 사이 어디쯤 있는데, 너를 나의 수단이 아니라 외려 그대로 인해 내가 존재할 수 있음을 깨닫는 순간 문득 드러난다. 시 구절을 빌리면 "그대 있음에 내가 있네. 나를 불러 손잡게 해"김남조라며 손을 내밀어 상대방을 영접하는 순간 피어난다. 그 사람다움의 꽃송이를 따로 인仁이라 부를 따름이다.

부끄러움

내가 변해야 세상이 바뀐다는 공자 말씀은 만고의 진리다. 다만 타인이 자기 이익을 위해 남의 삶을 망가뜨릴 때는 어떻게 대응할 것인가? 그 때문에 사람 사이의 길이 무너지고, 공동체가 망가질 위기가 초래된다면 어떻게 해야 하나! '원수를 사랑하라'며 불의와 부정의를 용납하는 것이 옳을까? 이점에서도 유교는 기독교와 다르다. 이직보원以直報怨, '원수는 의리에 합당하게 복수하라'는 원칙으로 임한다. 이것을 한마디로 압축하면 정의義가 된다. 실은 유교는 공자의 사랑仁과 맹자의 '정의'로 구성된다.

맹자는 사랑과 정의의 기원을 마음에서 찾았다. 자신에 대한 '수치심'과 부정한 사회에 대한 '증오심'에서 정의감이 형성되고, 그 마음이 공감을 획득할 때 정의로운 사회를 이룰 수 있다고 여겼다. '사람의 사이'가 곧 사회이므로 정의사회 건설은 인간다움의 또 한 핵심 사안이다.

수치심은 '자기 잘못'을 성찰하는 양심이다. 시인 윤동주의 시구를 빌리면, "하늘을 우러러 한 점 부끄럼 없기"를 기약함이다. 새벽녘에 잠이 깨어 어제 한 일을 헤아려볼 때 문득 목덜미가 발갛게 타오르는 뜨거운 기운을 느낄 때가 있다. 이것이 수치심이다. 수치심이 정의의 단서가 되는 까닭은 부끄러움을 느낄 때만이 불의不義의 감각을 체험할 수 있기 때문이다. 즉 부끄러움은 정의와 불의 사이의 경계선을 드러낸다. 통증이 몸의 이상 신호이듯, 부끄러움은 '마음의 이상 신호'다. 이를 두고 맹자는 "부끄러움이야말로 사람다움을 구성하는 큰 요소"恥之於人大矣라고 지적했다.

수치심이 증강되어 확장하면 공분公憤 능력 즉 증오심으로 표출한다. 증오심은 자신에 대한 수치심을 미뤄 공동체에 적용할 때 생기는 '공적 수치심'이다. 그러므로 사회를 이룬다는 것, 정치를 행한다는 것 밑바탕에는 '수치심과 증오심을 갖춘 사람들'이 존재하지 않으면 안 된다. 수치심이 개인적 덕성이라면 증오심은 사회적 덕목이다. 제몫은 꼭 챙기면서 남의 사정은 거들떠보지 않는 동료에 대한 미움, 제가 저지른 불법을 합법화하는 권력자에 대한 분노, 생명을 함부로 대하고 또 죽이는 짓에 대한 증오심이 정의감을 구성한다. 그러니까 증오심의 밑바탕에는 수치심이 깔려야 하고, 수치심은 증오심으로 밀고 나아가야 한다. 그럴 때 안팎으로 정의가 선다.

요약하면 공자와 맹자의 꿈인 인의仁義의 세계는 함께 더불어 사는 사람다운 세상을 뜻한다. 이 세상은 부끄러움을 타는 정치가와 공직자들에 의해 건설될 수 있다. 거꾸로 수치심을 잃은 소인배들의 권력에 사람들이 대응하는 방법은 증오심을 바탕으로 한 저항이다. "왜 부끄러움은 우리 몫이어야 하는가?" 저항은 공자와 맹자가 권하는 합당하고 올바른 길이다. 공자가 '정당한 복수는 옳다'며 '이직보원'의 원칙을 권했던 것은 권력자의 방자한 사익 추구에 대해 정당한 복수가 가해지지 않는다면 공동체는 머지않아 붕괴하고 말 것이기 때문이다. 또 맹자가 자기 이익만 차리면서 공동체를 해치는 군주를 한낱 '홑사내一夫'에 불과하므로 혁명을 당연한 일로 여겼던 까닭도 이 때문이다.

장현정

작가이자 사회학자이며 호밀밭출판사 대표이다. 10대 후반부터 록
밴드 활동을 했고 1998년 록밴드 '앤 ANN'의 보컬로 활동하며 1집
앨범을 발매했다. 부산대학교 사회학 박사 과정을 수료했고『소년의
철학』『록킹 소사이어티』『무기력 대폭발』『삶으로 예술하기』『아기
나무와 바람』등의 책을 썼다.

칼刀, Gladii 과
흙土, Humus

"낮에는 인간과 밀림이 별개로 존재하지만,
밤에는 인간이 곧 밀림이다."

루이스 세풀베다, 『연애소설 읽는 노인』 122쪽

　'칼과 흙'이라는 두 상반된 이미지 속에서 한 해를 보냈다. 추상적이고 상투적인 이미지이지만 인간이 무언가에 대해 사유하는 과정과 경로가 대체로 그러하기도 하다. 추상과 클리셰cliché 에서 출발하되 그 뿌옇고 빤하게 여겨지는 지각에서 마침내 겨우 하나의 실마리를 찾고, 그 조그만 조각 하나를 부여잡은 채 포기하지 않고 밀고 나아가며 깎고 다듬고 매만져서 결국은 손에 잡히는 무언가의 구체具體 까지 밀고 나아간다. 진부하거나 틀에 박힌 것으로부터 아주 조금의 차이를 만들어내 참신한 것에 가닿도록 하는, 그 사유의 여정이야말로 인간 고유의 힘이라고 믿는다. 이 글도 미숙하나마 2020년의 끝에서 한 해를 돌아보며 가졌던 그 거친 사유의 궤적을 요약해본 것이다.

1. 칼이라고 하면 보통 무기로만 인식하기 십상이다. 하지만 『한자어원사전』하영삼, 2014에 따르면 칼을 뜻하는 한자 '도刀'는 물건을 자르거나 약속 기호를 새기는 도구 뿐 아니라 돈을 의미하기도 했고 종이를 헤아리는 단위로도 쓰였다. 자르고 베는 일 뿐만 아니라, 읽고 쓰는 일부터 계약하고 교역하는 일 모두를 이 한 글자 안으로 수렴할 수 있다.

흙은 어떨까. 전前 근대적이거나 아직 개발이 덜 된 농촌 지역을 떠올리기 십상이지만 흙을 뜻하는 한자 '토土' 역시 만물을 낳고 자라게 하는 모든 생산을 의미하는 글자였다. 우리가 발 딛고 선 그 기반[—] 위에서 만들어지는 모든 것[十]이 역시 이 한 글자 안으로 수렴될 수 있을 것이다.

2. 흙은 언어로 표현할 수 없는 모든 것이고, 그것을 눈으로 보고 언어로 표현할 수 있도록 선 긋고 자르는 것이 칼이라고도 할 수 있는데 이 두 글자는 모두 상형 글자였다. 칼은 뾰족하고 날 서 있는 것을, 흙은 땅 위에 뭉쳐놓은

흙을 각각 형상화했는데 흙의 경우, 고대 문자를 보면 지금의 '토土' 위에 점이 세 개 찍힌 모습으로 통용되기도 했다. 흙에다 술을 뿌려 숭배하는 모습을 나타낸 것이었다.

3. 서양으로 눈을 돌려보면, 칼의 어원인 'gladius, gladii'와 함께 자리 잡은 많은 단어들이 대체로 사납고 차갑다는 느낌을 받게 된다. 얼음 glacies이 그렇고, 검투사 gladiator 같은 단어도 그렇다. 반면, 흙 Humus은 온순하고 따뜻한 느낌의 단어들과 함께하고 있다. 풀 herba, 여신 heroina, 이야기 historia, 인간 homo, 시간 hora, 물동이 hydria, 결혼 hymenis 같은 단어들이 눈에 띈다. 물론 이런 생각들은 아직 인상평에 지나지 않을 뿐 아니라 확증편향의 결과일 가능성도 크다.

4. 그렇다면, 사람은 또 어떤가. 사람에 대한 어원은 바로 앞에서 언급했듯 흥미롭게도 '흙'을 의미하는 라틴어 'Humus'이다. 하지만 사람은 타고난 그대로, 오직 흙만으로 살아갈 수는 없다. 교육을 받고 새로운 것을 생산하기 위해 기술을 배우고 주어진 환경을 개선하는 법과 집단생활을 위해 소통하는 법을 배워야 한다. 체계와 제도에 대해 이해할 수 있어야 하고 서로 다른 생각을 조율할 수 있어야 하는데 요컨대 다양한 종류의 '언어'를 습득해야 한다는 것

이다. 이 다양한 종류의 언어를 칼이라고 표현해도 좋겠다. 다시 말해 인간은, 흙으로부터 태어나서 나름의 칼을 갖추고 생활하는 존재이다. '흙이라는 본성'과 '칼이라는 길들임' 사이에서 균형을 잡으려는 존재이며 흙은 야생이고 칼은 앎이라고도 볼 수 있다. 진인사盡人事가 칼이라면, 대천명待天命은 흙이다.

5. 균형 잡힌 인간의 삶에는 그래서 흙도 있고, 칼도 있게 마련이다. 인간은 태어나서 엄마의 눈을 바라보고 젖을 빨다가 어느덧 홀로 걷게 되고 숫자를 배우고 읽고 쓰는 일을 배우며 말을 할 줄 알게 되는데 하이데거의 말을 빌려 표현하면, 비로소 그 언어로 '존재의 집'을 짓고 다른 존재와 만나고 소통하는 경험을 하면서 인간과 세계의 가능성을 탐색하는 데까지 나아간다. 그 모든 생애의 전 과정에서 칼과 흙은 공통적으로 유용하며 인간의 삶과 언어 곳곳에 흔적을 남겨둔다. 우리는 우리가 만나고 시간을 함께 보내는 것들과 서로 스미고 배어들며 서로를 닮아가게 되는데 칼과 흙에 대해서도 그렇다.

낮의 영역, 일의 영역, 갈등의 영역에서 우리의 칼은 유용하다. 밤의 영역, 삶의 영역, 합일의 영역에서 우리의 흙 역시 유용하다. 어느 한쪽만 강조하다보면 하나를 놓치게 되는데 그렇게 한쪽이 부서진 상태에서 우리를 찾아오는 것을 '재난disaster'이라 한다. 일상의 작은 사건부터 전쟁이나 천재지변 같은 큰 재난까지, 칼과 흙의 아슬아슬한 균형을 좀처럼 유지하기가 쉽지 않은 우리들에게 재난은 특별한 사건이 아니라 어느덧 일상적인 것이 되어버리기도 했다. 어원으로 따져보면 재난이란, '별astro'이 '떨어진dis' 상태인데 이때 칼 혹은 흙도 그 수많은 별 중 하나일 것이다. 둘 중 하나가 결여되어 있다면 그것을 '맹盲'이라 할 수 있는데 칼을 놓친 사람이라면 '문맹 文盲, illiteracy'이 되고, 흙을 놓친 사람이라면 '혼맹魂盲, Soul Blindness'[1]이 되는 재난을 맞이하게 된다.

6. AI와 4차 산업혁명의 열기가 뜨겁고, 글을 읽고 쓰는 수준을 넘어 누구나 실시간으로 연결되고 다양한 통로를 통해 자기주장을 펴고 있는 우리 시대에 문맹은 드물다. 문제가 되는 것은 혼맹들인데, 앞서 인용한 아마존 수아르족의 말처럼 지금의 우리는 세계와 별개로 존재하는 자족적이고 고유한 개인으로서만 살아가는 것이 아니다. 밤이 되면 다른 세계가 펼쳐지는데 그것은 우리 자신이 곧 자연이 되는 세계다. 이때는 우리와 연결되어 있는 '수많은 다른-자기'를 인지할 수 있는 능력이 필요한데 대체로 혼맹인 우리에게는 이미 그런 능력이 퇴화되어버린 것 같다.

칼 刀, Gladii 과 흙 土, Humus

1   인류학자 에두아르도 콘은 저서 『숲은 생각한다』(사월의책, 2018)에서 말한다. 우리가 살아가는 세계는 열려있지만 우리는 그 열린 것을 보지 못하고 있는데 그 원인은, "인간문화가 다른 존재의 '자기성'을 인식하는 능력을 상실한 '유아론적 고립 상태(혼맹)—자기 자신의 너머를 보지 못하는 무능함—'에 빠져 있기 때문"이라는 것이다.

코로나19가 당장 그 증거처럼 보인다. 우리는 너무 오랫동안 칼만 갈아오다 어느덧 흙의 기억으로부터는 까마득하게 멀어져 버린 걸까. 근대화나 산업화 같은 용어를 굳이 쓰지 않더라도 칼의 세계 속에서만 살아온 우리의 현재가, 문득 돌아보니 바짝 말라 있어 너무 쓸쓸하다. 동물들을 살殺처분하고 산을 깎고 식물들을 베어내고 바다를 마르게 하면서 주변의 생명을 무엇에 홀린 것처럼 없애는 사이 지금 우리 곁에는 무엇이 남아있는지 살펴볼 일이다. 밤을 낮처럼 밝힌 네온사인 아래서 홀린 듯 시간을 보내고 있는 우리 대부분의 정체가 좀비와 다를 바 없어 보인다. 인간이 흙과 멀어지며 만든 재앙의 시대 한가운데서 느끼는 우리 시대 풍경의 소묘다.

7. 이미 일찌감치 우리는 생활의 공간 자체도 칼의 공간과 흙의 공간으로 나누어 마치 둘이 별개로 존재하는 것처럼 여겨왔다. 근대를 상징하는 현상 중 하나인 '일터와 삶터의 분리'가 그것으로 이런 공간의 인위적인 분리는 성역할을 분리시키고, 도시공간의 기능적 분리로 나아갔으며 그러는 동안 개발과 생태위기라는 또 다른 문제들이 파생되었다. 그랬던 공간의 분리는 이제 디지털 기술과 코로나19라는 희한한 사태의 결합으로 인해 다시 통합 중이기도 하다. 또 일터와 삶터가 통합되면서 그동안 외면 받았

던 삶터에서의 문제들이 중요한 담론으로 새롭게 주목받고 있다. 일상의 문제들, 소수의 의견들이 제 목소리를 내려는 최근의 흐름을 나는 큰 틀에서는 흙과 칼의 균형을 되찾으려는 무의식적 흐름으로 본다. 우리에게 공존의 지혜를 위한 노력이 필요한 이유다.

8. 코로나19 바이러스로 인한 팬데믹. 이 전 지구적 재난의 원인이 근원적으로는 감당할 수 없이 큰 칼을 갖추었지만 흙과는 너무나 멀어져 버린 지금의 우리에게 있다는 게 많은 이들의 통설이다. 그래서 예기치 못한 재난과 맞닥뜨려 일상이 파괴된 지금의 우리에게 가장 시급하게 필요한 것도, 다시 '인간이란 어떤 존재인가'에 대한 근본적 성찰이다. 칼을 갈고 키우는 동안 흙을 멀리 했고, 멀리 하는 것을 넘어서서 날카롭게 다듬은 칼로 오히려 흙을 상하게 해왔다. 흙을 외면한 이들은 우리가 생각하는 성숙한 인간의 이미지와도 거리가 멀다. 겸손을 뜻하는 휴밀리티Humility 도 모두 같은 어원이라는 점을 떠올려볼 만하다. 우리는 흙과 멀어지면서 겸손과도 멀어졌고 궁극적으로는 인간과도 멀어졌다. 왜 그래왔을까? 속되게 말하면 돈 때문이다.

9. '편리便利'라는 말에는 '칼 刂'이 들어가 있다. 편리는 개인 중심의 사고방식이고 기술과 지식에 많이 의존하기 때문에 단어 안에 칼이 들어가 있는지도 모르겠다. 그에 비해 '편안便安'은 보다 관계 중심적이고 지혜와 태도에 많이 의존한다. 서구가 주도한 근대가 개인 중심, 성과 중심의 편리를 추구한 시대였다면 이제는 관계 지향적이며 과정 중심의 보다 편안한 시대를 지향해야 하는 게 아닐까. 인간은 아무리 풍족하고 편리하더라도 결국은 인간과 인간 사이, 인간과 생명 사이, 인간과 시공간 사이의 '관계' 속에서라야 비로소 의미를 찾고 존재 이유를 찾을 수 있는 '사회적 존재'이다. 관계만이 돌파구다.

10. 그래서 우리에게 새로운 공부가 필요하다는 주장으로 글을 맺으려 한다. 산업사회에 머물러 있는 칼만을 위한 공부가 아니라 일터와 삶터 모두에서 꼭 필요한 새로운 공부, 생존을 위해서만 필요한 게 아니라 생활을 위해서도 필요한 공부 말이다. 인간이 다른 동물 일반과 다른 점은 많지만, 그중 하나도 '공부工夫'를 한다는 점일 것이다. 생존을 위해 어떤 행위를 반복하는 단순 학습이 아니라 당장의 이득이나 생리를 넘어서는 그 무언가를 감히 지향하는 용기. 바로 그 용기를 위해 인간은 공부를 하고, 그럴 때 인간은 더욱 인간다워질 수 있는 게 아닐까.

11. 그러니 지금 우리에게 필요한 공부는 무엇보다 '다름에 대한 감수성'을 고양시키는 공부라고 생각한다. 낯섦과 불편함을 향할 수 있도록 우리에게 용기를 주는 공부. 순환과 공존을 이야기하고 동물이나 사물까지도 함께 연대해야 할 대상으로 바라볼 수 있게 하는 오래된 미래의 공부. 우리 안에서 말라가는 흙의 힘을 되살리고 의미도 없이 갈아놓은 날카로운 칼을 통제할 수 있는 힘을 주는 공부가 절박하게 필요하다.

중세를 어둠의 시대라고 명명하며 한껏 오만했던 서구 근대가 사실은 비할 바 없이 훨씬 야만적이었음을 적나라하게 보여준 제2차 세계대전 직후, 삼십 대 초반의 젊은 작가 알베르 카뮈는 소설 『페스트』를 썼다. 코로나19 사태와 더불어 다시금 뜨겁게 주목받고 있는 이 소설의 주제도 다름 아닌 연대를 통해서만 재난을 극복할 수 있으리라는 공존에 대한 외침이다. 재난을 받아들이는 다종다양한 인간 군상들의 모습은 바로 우리 옆에 있는 보통 사람들의 이야기이다. 그들과 함께 언제든 다시 올 수 있는 재난을 돌파하고 인간다운 삶을 더불어 살아가기 위해 지금부터 다시 우리는 더 크고 넓은 연대의 꿈을 꾸어야 한다.

다가오는 2021년은 우직하고 강인한 소의 해라고 한다. 무겁기 그지없었던 칼을 가만히 옆에 놓아두고 흙이 되는 꿈을 꾸어본다. 그럴 때 비로소 한 번 더 거듭날 수 있지 않을까. 비로소 새로운 싹을 틔워볼 수 있지 않을까. 그런 상상을 하다 보니 이제 막 탄생하는 이 인문 무크지의 이름이 마침 모든 것의 첫 번째를 의미하는 'Arch'라서 더욱 기분이 좋아진다.

다시 말해 인간은,
흙으로부터 태어나서
나름의 칼을 갖추고
생활하는 존재이다.
'흙이라는 본성'과
'칼이라는 길들임' 사이에서
균형을 잡으려는 존재이며
흙은 야생이고 칼은
앎이라고도 볼 수 있다.
진인사盡人事가 칼이라면,
대천명待天命은 흙이다.

김종기

독일 훔볼트대학교에서 철학(미학/사회철학) 박사학위를 받았다.
상지인문학아카데미에서 '서양미술과 미학의 창'이라는 제목으로
5년 동안 강의했다. 현재 민주공원 관장을 맡고 있다.

타오

그림으로 보는
인간의 역사

예술에서 자연주의적 양식과
추상적·기하학적 양식에 대하여

인간의 역사에서
개념적 사고의 탄생과 발전

기원전 1만5천 년경에 그려진 구석기 시대 프랑스 라스코 동굴벽화에서부터 21세기 컨템퍼러리 아트에 이르기까지 서양 미술의 역사에는 인간의 이야기가 들어있다. 그 이야기는 인간이 외부 자연과 어떻게 관계를 맺고 있으며, 더 나아가 사회, 역사, 세계를 어떻게 바라보는가 하는 인간의 태도가 반영되어 있다. 그것은 주술의 모습으로 드러나기도 하고, 신화와 종교의 모습으로 드러나기도 하며, 이성과 합리성의 양태로 드러나기도 하며, 비이성과 광기의 모습으로 드러나기도 한다.

미술사 속에 나타난 인간의 이야기는 인간이 주체가 되어 자연, 사회, 역사, 다시 말해 객체 또는 대상으로서 세계에 대한 이야기다. 인간이 객체가 되어 자신을 묘사하거나 성찰하는 이야기이기도 하다. 그렇다면 인간은 스스로가 보는 그대로 세계를 그려낼 수 있을까? 나아가 인간은 자신을 있는 그대로 바라볼 수 있을까?

단적으로 말해 인간은 자신이 보는 대로 그대로 그릴 수 없다. 곰브리치의 말처럼 "어떤 예술가도 자기의 모든 관례적 기법을 버리고 '그가 보는 대로를 그린다는 것'은 불가능"하다.[1] 인간에게 절대적으로 '순수한 눈'이란 없는 법이다. 인간은 특정 시대, 특정 지역, 특정 민족에게 고유한 문화적 관습의 체계에 따라 세계를 본다. 다시 말해 모든 인간, 모든 집단에 동일하게 적용되는 '시각', '관점'이란 애초에 존재하지 않는다.

마찬가지로 순수하게 단독으로 구성되는 자아란 존재하지 않는다. 라캉이 헤겔을 평가하는 말 가운데 핵심은 "어떻게 한 인간이 다른 인간 안에 존재하는가를 드러내는 것"이었다. 도대체 나의 욕망은 누구의 욕망인가? 성공한 사람이 되고자, 부자가 되고자, 명예를 가지고자 하는 나의 욕망은 나의 욕망인가, 아니면 나의 부모에 의해 나에게 전이된 욕망인가? 아니면 이 사회의 물질주의 문화가 나에게 부추기는 욕망인가? 그 어떤 것이든 나의 욕망은 나 자신

1 E. H Gombrich, 차미례 역, 『예술과 환영』, 열화당, 1989, 7쪽.

의 순수한 욕망이 아니다. 라캉의 말처럼 나의 욕망은 타인의 욕망이며, 나는 타자에 의해 구성된다.

　인간의 역사에서 인간이 가장 '순수한 눈'을 가졌던 시기는 구석기 시대였다. 이때 인간의 의식은 개념적 사고로 나아가지 못한 단계였고, 인간은 직관적으로 자연 대상과 그 속의 짐승들과 여러 사물을 눈에 보이는 대로 그릴 수 있었다. 「그림 1」을 보라. 이 그림은 라스코 동굴벽화로 기원전 약 15,000년에서 13,000년 사이에 그려진 그림으로 추측된다. 아직 문명이 전개되지 못했던 구석기 시대 원시인들이 그린 이 그림은 매우 정교하다. 이 원시인들이 사용한 안료라는 것은 아주 원시적인 것이었을 것이다. 기껏해야 진흙, 동물의 기름, 목탄 등이었을 것이다. 그렇지만 이

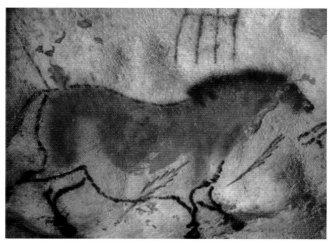

그림 1. 라스코 동굴벽화, 말, BC 15,000-13,000년경 구석기

그림 2. 터키 차탈휴육, 사슴사냥, BC 5750년경 신석기

그림은 달려가는 말의 순간 동작을 포착한 스냅사진 같은 그림이다. 말의 갈기와 발굽도 색깔을 달리하여 섬세하게 묘사되어 있고 몸체의 색감도 훌륭하다. 그런데 꼬리 부분에는 가느다란 화살 같은 것이 박혀있는 듯 보이며 몸통 아래쪽과 앞쪽에도 화살 깃으로 보이는 것이 날아들고 있다.

　「그림 2」를 보자. 이 그림은 「그림 1」보다 대상에 대한 묘사가 훨씬 서툴러 보인다. 뛰어가는 사슴의 동작뿐 아니라 뒤쫓는 사람의 동작도 자연스럽지 못하다. 사슴은 네 발로 뛰고 있다는 것, 사람은 두 발로 서서 뛰어가고 있다는 것만 알려주는 것 같다. 어린아이의 그림처럼 유치해 보인다. 그런데 앞의 「그림 1」은 기원전 만3천 년에서 만5천 년경에 그려진 구석기 시대의 그림이다. 그리고 뒤의 「그림2」는 그보다 만년 정도 뒤에 그려진 신석기 시대의 그림이다. 언뜻 보면 이 두 그림은 뒤의 그림이 먼저 그려진 그림이 아니었을까 추측하게 한다.

그러나 하우저Arnold Hauser, 1892-1978가 밝히듯이 실제 유물에 따르면, 「그림 1」과 같이 자연을 그대로 모방하는 예술이 먼저였고 「그림 2」처럼 자연의 모방을 외면하고 현실을 양식화하는 예술이 훨씬 이후에 생겨났다는 학설이 더 정확하다.[2] 그렇지만 이러한 혼동이 발생했던 이유는 구석기 시대의 그림, 예컨대 알타미라 동굴의 벽화나 라스코 동굴의 벽화에서 보이는 그림이 놀라울 정도의 사실성을 보여주고 있는 데 반해, 신석기 시대 이후의 그림들은 사실주의적이고도 자연주의적 묘사를 발전시키지 못하고 관습화한 기하학적·추상적 양식으로 후퇴하고 있다는 사실에 기인한다. 신석기 시대 이후의 인간들의 지능이 구석기 시대의 인간들보다 높았을 것임에도 말이다. 이러한 모순을 어떻게 이해할 수 있을까?

2   Arnold Hauser, Sozialgeschichte der Kunst und Literatur, 백낙청 역 『문학과 예술의 사회사』-고대·중세 편, 창작과 비평사, 1993(1976), 9-10쪽 참조.

하우저의 말처럼 구석기 시대의 그림에서 우리는 마치 현대 스냅 사진의 한 장면을 연상시키는 동작 묘사를 발견하게 된다. 예술사에서 이런 것이 다시 나타나는 것은 드가Edgar Degar, 1834-1917나 뚤루즈-로트렉Henri de Toulouse-Lautrec, 1864-1901에서야 비로소 있는 일이다. 구석기 시대의 화가는 아직도 그가 실제로 보는 바를 그리며 어떤 특정한 순간에 포착할 수 있는 것 이상은 그리지 않는다.[3]

신석기 시대 이후 인간들의 그림은 이와 전혀 다르다. 그들은 대상의 앞모양에 그 옆모양 또는 위에서 본 모양을 겹쳐 그리는가 하면 그 대상의 속성에 관해 알 가치가 있다고 생각되는 것은 하나도 빠뜨리지 않았다. 생물학적으로 또는 주제 상 중요한 요소는 실물보다 크게 그리고 반면에 아무리 인상적인 것이라도 당면 대상과의 관계에서 아무런 역할을 하지 않는 것은 완전히 무시해버린다. 신석기 시대 이후 인간들의 예술은 감각의 소산이 아니라 이지理智의 소산이다. 그들은 실제로 그들 눈에 보이는 대로 그리는 것이 아니라 그들이 알고 있는 것을 그린다. 시각에 들어온 모습 그대로를 그려내지 않고 대상에 대한 이론적 종합을 제시하는 것이다.[4]

---

3   A. Hauser, 같은 책, 11쪽.
4   A. Hauser, 같은 책, 11쪽.

그림 3.

Degas. 경주마, 1873, Pastel. The Cleveland Museum of Art, Cleveland, USA.
드가는 피사체의 순간동작을 포착하여 그림을 그리는데 특출한 능력을 가지고 있었다.
구석기 시대 원시인들이 달리는 말이나 소의 순간 동작을 포착하여 그것을 눈에 보이는
대로 재현해낼 수 있었던 능력은 드가에 이르러서야 다시 가능해졌다.

예술사에서 드러나는 이러한 수수께끼는 실제로는 인
간 정신의 발전 결과이다. 수렵이나 채집의 단계에 머물러
있는 구석기 시대의 인간에게는 자연과 자신들이 획득하는
산물은 그들에게 우연히 주어지는 것일 뿐이다. 사냥을 나
가는 원시인들에게 필요한 것은 움직이는 실제, 들소 그대

로의 순간적인 모습이다. 즉 그들은 자연 대상을 감각적으로만 받아들이고 있을 뿐 변화 속에서 항상적인 것을 찾아낼 수는 없었다. 이러한 의미에서 구석기 시대 원시인들의 눈은 대상을 보이는 대로 직관적으로 포착하는 '순수한 눈'이었다. 이 '순수한 눈'을 통해 그들은 현상 세계를 있는 그대로 감각적으로 포착했다. 그들의 눈은 현상 세계 너머에 있는 '배후 세계'를 아직 볼 수 없었다. 이들에게는 눈에 보이는 현실 세계, 현상계가 세계의 전부였다.

신석기 시대로 넘어가 농경문화가 나타나기 위해서 인간에게 필요한 것은 우연적인 변화 속에서 관철되고 있는 필연성, 즉 법칙을 인식하는 능력이다. 예컨대 천변만화하는 자연 현상 속에서 '사계절의 순환'이라는 법칙을 찾아낼 수 있는 능력이 있어야만 농경을 할 수 있게 된다. 다시 말해 대상에 대한 인간의 인식이 표상의 단계를 넘어서 대상을 추상화시켜 개념적으로 인식할 수 있는 단계로 넘어가야 한다. 개념적 인식이란 대상에서 본질적이지 않은 현상이나 속성을 던져버리고 捨象 본질적인 속성만을 뽑아올려 抽象 파악하는 것이다. 개념적 인식이 가능해진다는 것은 인간의 사유가 발전했다는 사실을 나타내는 것이다. 따라서 신석기 이후의 인간들은 대상을 재현할 때, 있는 그대로가 아니라 대상에서 자신들이 중요하고 본질적이라고 생각하는 부분을 강조하여, 자신들이 알고 있는 대로 나타내는 것이다. 추상적·기하학적 표현이 나타날 수 있는 것은 인간 사유 능력의 발전, 즉 개념적 사고 때문이다.

이러한 개념적 사고가 바로 인간의 문명과 학문을 만들어낸다. 구석기 시대의 원시인들은 아직 개념적 사고를 할 수 없었기 때문에 눈에 보이는 현실 세계를 감각적으로 받아들일 수밖에 없었고, 그 속에서 변하지 않는 법칙이나 원리를 포착해내는 능력을 발휘해낼 수 없었다. 따라서 구석기 시대 인간들에게는 눈에 보이는, 그들이 감각적으로 경험하는 세계가 세계의 전부였다. 그들은 아직 감각적으로 경험되는 이 현실 세계와 그 배후의 변치 않는 어떤 본질적 세계라는 것을 분리하지 못하는 단계의 사고에 머물러 있는 것이다. 따라서 이 시기의 인간은 그저 자연에 적응하여 동화되는 삶을 살 수밖에 없다. 이 단계에서 인간의 삶의 양식은 동물의 삶의 양식과 크게 다르지 않다. 인식론적으로 말하자면 이 단계에서 대상 세계에 대한 인간의 인식은 아직 표상 단계에 머물러 있다. 그런데 개념적 사고가 발달하면서 인간은 항상 변화하는 자연 또는 세계 속에서 변하지 않는 법칙이나 원리를 포착할 수 있게 된다.

예컨대 나일강 하류에서 농업이 시작될 수 있었던 것은 인간이 자연의 변화를 관찰하고 그 속에서 법칙을 찾아 자연을 자신의 목적에 맞게 이용할 수 있었던 덕분이었다. 나일강은 해마다 범람한다. 그러나 나일강이 범람하는 것은 항상 다른 모습, 양상으로 나타난다. 어떤 해는 범람 유역이 넓고 어떤 해는 좁고, 어떤 해는 범람 시기가 더 빨리 찾아오고 어떤 해는 더 늦게 찾아오고, 어떤 해는 수량이 많고 어떤 해는 수량이 더 적는 등. 이러한 변화 속에서도 변하지 않는 것은 나일강은 일정 시기가 되면 항상 범람한다는 사실 자체이다. 이렇게 변화하는 것 속에서 변하지 않는 것, 즉 법칙 또는 원리를 찾을 수 있음으로써 인간은 자연의 변화를 예측할 수 있었다. 그에 따라 자연에 그저 적응하는 삶에서 벗어나 자연을 자신의 목적과 의도에 따라 이용할 수 있게 된다. 이것이 문명의 시작이다. 문명의 시작은 이렇게 변하는 것 속에서 불변의 법칙, 원리를 포착하는 능력, 변화하는 현상 배후에 있는 불변적 본질을 포착하는 능력에 기인한다. 이로 인해 우리는 대상에 대한 더 뛰어난 묘사 능력을 보여주었던 구석기 시대의 인간들의 그림이 신석기 시대에 와서 더 유치한 그림으로 퇴보하는 현상을 설명할 수 있다. 신석기 시대 인간의 그림들이 외견상 더 단순하고 유치한 그림으로 퇴보하는 것은 인간에게 개념적 사고의 능력이 생기기 때문이다. 신석기 시대부터 인간은 감각에 따라 대상을 눈에 보이는 대로 재현해내는 능력이 퇴보하지만, 다양한 현상 속에서 변치 않는 본질적인 것을 포착하여 세계를 통일적으로 파악하는 능력을 통해 이성적 사유 능력을 발전시켜 갔고 이것이 바로 문명이 발전하고 학문이 형성되는 토대가 되었다.

그렇다면 이러한 예술은 애초 어떤 동기에서 어떠한 목적으로 생겨난 것인가? 이를 통해 우리는 예술의 기원에 관한 질문을 하게 된다. 예술이 어떤 목적으로 생겨났는가에 대해서 크게 세 가지 이론으로 나누어 볼 수 있다. 예술의 기원을 놀이遊戱로 파악하는 것, 그것을 노동으로 파악하는 것, 그것을 주술로 파악하는 것이다.

예술의 기원을 놀이로 파악하는 것은 예술을 남아도는 에너지의 방출 통로로 이해하는 것이다. 물론 하위징아 Johan Huizinga, 1872-1945에 따르면 아이들의 단순한 놀이에서부터 원시종합예술에 이르기까지 인류의 모든 문화 속에는 놀이의 요소가 들어 있고 또 놀이를 통해 인간은 풍부한 상상의 세계에서 다양한 창조 활동을 전개하는 학문, 예술을 발전시킬 수 있었다. "문명사회의 위대한 본능적 힘인 법과 질서, 상업과 이익, 기술과 예술, 시가詩歌, 지혜, 과학 등은 신화와 의례에 뿌리를 내리고 있다. 이 모든 것이 놀이라는 원초적 토양에서 자양을 얻는다."[5] 또한 놀이는 인간이 자신의 잠재적인 창조성을 발현할 수 있는 토대가 되는 것이다. 예컨대 병원 놀이를 하는 아이는 그 속에서 현실을 넘어서는 다양한 창조적 경험을 할 수 있다. 아이는 놀이 속에서 의사가 되기도 하고, 간호사가 되기도 하

그림으로 보는 인간의 역사

5   Johan Huizinga, Homo Ludens, 이종인 옮김, 『놀이하는 인간 호모 루덴스』, 연암서가, 2018, 38쪽.

고, 또 환자가 되기도 한다. 어린 시절 아이들의 단순한 이러한 놀이 경험조차 한 인간이 현실의 한계를 넘어서 다양한 창조적 상상력을 만들어내는 바탕이 된다.

또한 노동도 단순히 먹을거리를 구하고 만들어내는 활동이 아니라 인간이 자신의 육체적·정신적 능력을 발전시켜 나가는 것으로써 근본적으로 인간의 자아실현, 자기 창조 활동이기도 하다. 엥겔스의 말처럼 "모든 인간의 삶의 근본 조건이며, 또 어떤 정도에서는 노동이 인간을 창조하였다"[6]고도 할 수 있다. 예컨대 원시시대 사냥꾼의 노동을 보자. 사냥꾼이 사냥을 나가기 전에 집단적인 수렵무를 추는 것은 사냥터에서 벌어질 여러 과정을 사전에 연습해보는 행위라 할 수 있다. 그리고 그가 사냥터에 투입될 때 바람의 방향, 사냥감의 특성, 지형지물 등을 익히면서 외부 세계에 대한 지식을 획득해간다. 이것은 그의 정신노동에 해당된다. 또한 창을 던지고 활을 쏘면서 내달리는 행위는 육체노동에 해당된다. 이렇듯 인간의 노동은 애초에 육체노동과 정신노동이 분리되지 않은 채 수행되는 자기 창조 행위이며 자아를 실현하는 행위이다.

---

6 Friedrich Engels, "Anteil der Arbeit an den Menschwerdung des Affen", in Dialektik der Natur, MEW 21, S. 444.

이와 같이 예술의 기원을 놀이로 보는 것과 노동으로 보는 것은 어느 정도 합리적 근거가 있다. 그러나 두 기원설은 단순한 질문을 던져봄으로써 그 한계를 살펴볼 수 있다. 예컨대 놀이 기원설은 원시인들에게 에너지를 다 방출하지 못할 정도로 식량이 남아돌았느냐는 질문 앞에서 허약함을 드러낸다. 따라서 우리는 에너지가 넘쳐 힘이 남아돌아서가 아니라 살아야 한다는 절박한 필요에서 예술을 만들어냈다는 가설을 취할 수 있다. 이것이 수렵무, 전쟁무, 또는 노동요勞動謠 등을 설명할 수 있는 토대가 된다. 그렇지만 힘겨운 삶 속에서 왜 예술을 하는가, 예컨대 수렵무를 춘다고 짐승이 더 많이 잡히는가 하는 질문을 던져본다면 우리는 예술의 기원에 대한 대답을 달리 찾을 수밖에 없을 것이다.

이에 따른다면 우리는 예술의 기원을 주술에서 찾을 수밖에 없다. 원시인들이 예술을 한다는 것, 즉 동굴 속에 그림들을 그린다는 것은 주술적 목적이었다. 즉 원시인들은 가상을 통해 현실의 소망을 이루려는 주술적 신앙 때문에 동굴 속에 그림을 그렸다. 그런데 이 주술은 실제적 효험이 있다. 다시 말해 주술은 현실적 기능을 가지고 있다는 사실이다. 예를 들어 수렵무를 추는 젊은 사냥꾼에게는 수렵무가 실제 사냥터에서 벌어지는 과정을 반복해서 학습하는 효과를 제공한다. 수렵무를 추면서 전체 사냥의 과정과 절차, 또 사냥 기술을 익히게 된다. 그 속에서 자신감을 얻고 신체를 단련하게 된다. 이처럼 수렵무를 춘 젊은 사냥꾼은 그 공동체가 익힌 사냥 기술을 전수받고 사냥터에서 벌어질 실제 상황에 대한 예행 연습을 한 것이다. 따라서 그는 현실의 사냥터에서 더 효과적인 사냥을 할 수 있었을 것

그림 4.
말과 손자국 (펙 메를르동굴), B.C. 25,000년경 프랑스. 이 손자국은 이 말을 잡으려는 주술적 의도를 보여주고 있다.

그림 5.
소와 말과 사슴, BC 15000년경 프랑스 라스코동굴. 중첩적으로 그려진 이 그림에는 창 자국이 보인다. 이것도 소나 말을 잡으려는 주술적 의도라고 할 수 있다.

이며 더 많은 사냥감을 잡을 수 있었을 것이다. 이러한 점
에서 우리는 예술의 기원을 주술에서 찾는 것이 가장 합리
적인 추론이라 할 수 있겠다.

　이상과 같이 구석기시대 원시인의 자연주의적 양식의
그림이 신석기 시대 원시인의 추상적·기하학적 양식으로
변천하는 이유를 따져 보았으며, 이에 이어 예술이 형성된
원시적 기원이 주술이라는 데에 도달하였다.

권명환

서울에서 미학을 공부한 뒤 부산에서 정신과 의사가 되었다. 의대에
서 문학과 미술을 가르쳤으며 KNN 라디오, MBC 라디오와 TV 닥터
인사이드 등의 방송 활동과 강의를 진행하며 대중과 소통하고 있다.
현재 해동병원 정신건강의학과 과장으로 사람들의 정서적 뇌와 마음
을 돌보고 있다. 저서로『서툴다고 말해도 돼』가 있다.

그리면서 그려지는
'나'의 미로 통과하기

나는 한결같은 나로 존재할까? 진료실 내담자들과의 대화에서 자주 등장하는 "나를 잘 모르겠어요. 나는 어떤 사람일까요?" 라는 말은 인류의 역사에서 수없이 반복되어온 질문이다. 이 질문은 '나는 누구인가' 묻는 자신의 정체성과 연관되어 있다. 어젯밤에 잠들어 아침에 눈 뜬 내가 어제 잠든 나와 같은 사람일까? 같은 사람이라고 어떻게 확신할 수 있을까? 내가 누구인지 알 수 있게 해주는 것은 기억의 흔적들이다. 밤의 침대가 아침에 눈 떴을 때 동일하고 식구들이 어제 본 식구들과 같다. 그들이 어제 불렀던 내 이름을 부르고 직장에 출근하면 어제 만났던 사람들이 인사를 한다. 어제 하던 일을 이어서 하고, 어제 알던 사람에게서 오늘 전화가 온다. 사람들은 이처럼 자신의 과거로부터 비롯된 기억의 흔적을 찾아 현재의 자아를 이해하려고 한다. 정신의 기억 탐사 작업은 쉬지 않고 계속된다. 멀게는 수십 년 전의 기억을 찾고 재해석하면서 자신이 누구인지를 질문하고 자신의 정체성에 대한 이미지 구성을 멈추지 않는다.

고대 그리스의 소포클레스가 기원전 400년경에 쓴 『오이디푸스 왕』에서도 유사한 질문이 등장한다. 여행자들은 스핑크스의 수수께끼에 대답해야 도시에 들어갈 수 있다. 스핑크스는 질문한다. "어떤 동물이 한 목소리를 지니면서도 네 발로 걸었다가, 두 발로 걷고, 그 후에 세 발로 걷느냐?" 스핑크스는 대답하지 못한 여행자의 목을 졸라 죽인다. 그들이 스핑크스의 수수께끼를 풀지 못한 이유는, 자신이 아니라 다른 사람이나 물건에서 답을 찾았기 때문이다. 오이디푸스는 이 질문에 다음과 같이 대답한다. "사람입니다. 갓난아이는 네 발로 기어 다니고, 어른이 되어 두 발로 걷고, 노인이 되어 지팡이를 짚고 세 발로 다닙니다." 오이디푸스는 '사람' 즉, '나 자신'이라고 대답한다. 그는 스핑크스의 수수께끼를 풀어 영웅이 되었지만 여기서부터 비극이 시작된다.

우리는 진정으로 자신이 누구인지 알고 있을까? 오이디푸스는 아버지인 라이오스를 죽인 범인이 자신이 아니라는 확신을 갖고 있었지만 점점 이야기가 진행될수록 의혹으로 바뀐다. 그는 결국 '나는 누구인가?'라는 질문을 반복하면서 자신이 범인임을 알게 된다. 오이디푸스가 찾던 살인범은 바로 자신이었던 것이다. 오이디푸스는 잘못된 확신 속에서 결국 자신이 누구인지 모르는 채 비극으로 걸어들어갔다. 자기 자신이 누구인지 질문을 던질 줄 알며 그에 대한 답을 스스로 찾아낼 수 있는 유일한 동물이 인간이다. 인간이 자기 자신에 관하여 취하는 오래된 태도는, 이성의 선명함과 조화로운 자기 인식이다. 이것은 오래전부터 인간이 스스로 던져왔던 자아의 이상적 이미지였다. 그런데 정신분석은 이러한 자아의 이상적 이미지가 허구에 불과하다고 말한다.

우리 자신의 정체성은 어떻게 구성되는가? 어린아이는 거울을 보기 이전에는 자신의 팔과 다리가 분리되어 마음대로 움직이지 않고 통제하기 어렵다고 느낀다. 그러던 아이는 거울 속 자신의 이미지를 발견함으로써 비로소 신체적인 이미지의 통일성을 획득한다. 거울 이미지는 바로 이러한 분열의 감정을 해소해준다. 거울 속에서 아이는 팔과 다리가 단단히 붙은 하나의 통일된 신체 이미지를 갖게 된다. 이것이 인간의 심리가 자기 자신에 대한 이미지의 통일성을 획득하는 첫 번째 단계이며 라캉이 말하는 '거울단계'의 도식이다. 여기에 인간 '자아'의 기원이 있다고 할 수 있다. 아이는 자라면서 이러한 동일시의 반복을 거치며 본래의 자아를 형성하게 된다. 물론 이것은 하나의 은유이며 거울이 없던 시기에도 나를 이미지로 비추어 신체 이미지의 통일성을 가질 수 있었다.

우리가 '자아 정체성'이라는 것을 확인하는 유일한 방법은 나를 이미지로 비추어 보는 것이다. 우리가 자신을 알게 되는 것은 반영된 이미지를 통해서인데, 이 같은 거울 단계의 은유에서 중요한 것은 거울 보는 아이가 의존하는 타자의 존재이다. 아이는 거울 속 자신의 이미지가 적절한지를 부모나 다른 어른의 인증 속에서만 확인할 수 있다. "이게 바로 너야."

아이는 자신의 정체성을 오직 타자의 시선에 의존해서만 알 수 있으며 그러는 사이 그들의 가치관이나 욕망이 아이에게 스며든다. 그렇다면 부모 자신의 정체성은 어디에서 오는 것일까? 부모 역시 거울상의 오인 속에서 다른 타자에 의존할 수밖에 없으며, 그러한 반복은 끝없이 반복된다. 따라서 인간의 정체성은 끝없이 반복되는 타자들의 욕망을 반복함으로써 일시적인 동일성을 획득할 뿐이다.

이렇듯 인간에게는 원래 그렇게 만들어진 기원적 '자아 정체성', 즉 '나'의 통일성이란 존재하지 않는다. '자아'라는 정체성은 고정관념이 만들어낸 거울상에 다름 아니기 때문이다. 우리의 삶을 지배하며 우리 자신이 누구인지 질문할 때 먼저 대답을 제시하는 이미 결정된 지식이 바로 고정관념이다. 이러한 고정관념은 현재의 지식을 지배하는 권력으로 작용하고 그 기원에 내가 아닌 타자가 있다. 나의 자아와 세계의 이미지를 결정하는 것은 나에게 스며드는 고정관념이라는 타자의 시선인 것이다.

우리 자신은 세계의 그림 앞에서 화가이자 관람객이다. 우리는 세계를 그리면서 동시에 그림으로 그려진다. 우리가 바라보면서 동시에 그려 나가는 세계의 풍경은 보편적인 아름다움이며 그 의미는 선명하다. 모두의 아름다움이 자신에게도 아름답게 느껴지고 모두에게 이해될 수 있는 방식으로만 그려질 것이다. 화가로서 우리는 세계라는 그림의 바깥으로 나갈 수 없기 때문에 고정관념에 기대어 상식의 그림을 그릴 수밖에 없다. 무한히 반복되는 세계의 마주 선 거울 효과에서 그 누구도 자유로울 수 없으며 비슷한 그림들이 모여 세계의 풍경을 구성한다. 세계의 이미지는 모든 게 선명하다.

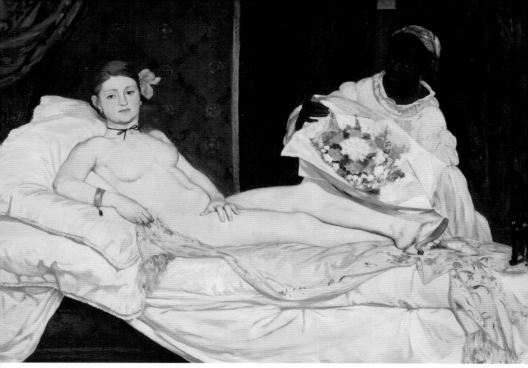

그림 1. 에두아르 마네, 「올랭피아」 (1863)

19세기까지의 서구 미술은 아름다움을 세계의 선명한 의미에 종속시키려는 노력이었다. 고전주의 미술이 원하는 것은 의미에 복종하는 보편적 아름다움이다. 그것이 성공한다면 세계는 완전하거나 유토피아로 묘사되었을 것이다. 20세기에 출현한 파시즘 정권들이 고전주의 미학에 몰두했던 이유 역시 바로 여기에 있다. 그들에게 보편적 아름다움만큼이나 정치적 선동을 위해 효과적인 것은 없었기 때문이다. 그들은 의미와 결합된 아름다움을 완성된 세계의 이미지로 규정한다. 특히 나치가 그와 같은 보편적 아름다움을 지향했다. 보편적 아름다움의 조화와 질서, 이미지를 아리안족의 순수 혈통 의미와 연결함으로써 세계의 유토피아적 완성을 묘사했다. 나치가 표현주의를 비롯한 아방가르드 미술을 탄압했던 이유도 바로 그것이었다.

자신의 정체성을 지배하는 세계관이 온전히 자신의 것이 아니라면 여기에 가장 민감하게 반응하는 이들이 예술가들이다. 그러면서 동시에 그려지는 '나'에게 고정관념이 스며들면 알레르기 반응을 일으키는 게 현대의 예술가들이다. 많은 미술 비평가들이 현대미술의 출발점으로 인상주의자들의 작품을 꼽는다. 마네의 「올랭피아」그림 1 는 그림 속의 인물과 배경이 마치 평면처럼 납작하게 붙어 있다. 고전주의 회화의 원근법적 배치를 거부하고 평면적 효과를 강조하기 위해서 정면으로 빛을 비추는 효과를 사용했다. 상식적인 시각으로는 자연스러워 보이지 않지만 이런 방법으로 고전주의적이며 수학적이었던 시각 질서로부터 벗어난다.

그리하여 마네가 다다른 곳은 어디인가? 마네가 도달한 곳은 현실 세계를 재현하는 도구로서의 회화를 탈선하는 지점이었다. 회화란 물감 덩어리일 뿐이며 사각형의 천조각에 불과하다는 진실이 드러나는 지점. 마네와 인상주의자들은 바로 그러한 방식으로 이천여 년 동안 지속된 고전주의 전통을 종식시킨다. 인상주의자들의 그림은 고전주의 회화가 하지 않는 많은 실수를 범한다. 정면에서 쏘아 들어오는 빛은 그림 속 인물들을 과도하게 평면적으로 보이게 하고 물감칠은 너무 간단해서 캔버스 천의 표면이 노출된다.

이러한 오류들은 하나의 회화 원칙을 집중적으로 위반하는데, 그것은 그림이 현실의 사물로 보이지 않아야 한다는 원칙이다. 즉, 그림이 단지 캔버스 천에 칠해진 물감에 불과하다는 사실을 은폐할 것. 이 명제는 선사시대 때부터 오늘날까지 유지되는 재현의 원칙이다. 시와 소설은 단지 단어의 배치일 뿐이라는 사실을, 모든 그림은 그것이 단지 그림일 뿐이라는 사실을 감춰야 한다. 이것이 전통적으로 예술의 모든 영역에서 지켜져야만 했던 원칙이자 고정관념이다. 만약 이러한 원칙이 지켜지지 않는다면 오류이며 가치 없는 작품으로 평가절하된다.

인상주의의 포문을 연 모네의 그림 「인상, 해돋이」 그림 2는 당대의 비평가들로부터 '그리다 만 벽지 같다'는 악평을 받았고 마네의 작품 또한 마찬가지였다. 그런데 그들의 그림은 세잔과 고흐로 이어진다. 피카소가 현대 회화의 아버지로 부른 세잔은 '진짜 본다는 게 뭘까?' 라는 질문으로 시각적 고정관념을 돌파한다. 세잔은 고전회화가 원근법에 따라 마치 카메라 렌즈 하나로 보는 것처럼 그리는

그림 2. 클로드 모네, 「인상, 해돋이」 (1872)

게 당시 회화의 문제라고 파악했다. 하나의 초점과 렌즈인 카메라와 달리 우리는 두 개의 눈으로 사물을 본다. 두 개의 눈으로 보면 착시 현상이 생길 수밖에 없고 그게 우리가 진짜 보는 것이다. 세잔은 최초로 두 눈으로 그림을 그린 화가였다.

고흐는 실제의 해바라기라고는 상상하기조차 힘든 「해바라기」그림 3를 그렸다. 해바라기들은 덕지덕지 칠해진 물감 흔적으로 해바라기를 지시하는지조차 불투명하며 어색하게 일그러져 있다. 꽃병은 좌우대칭이 맞지 않으며 납작하게 오려진 종이처럼 보인다. 해바라기를 재현하는

75

그림 3. 빈센트 반 고흐, 「해바라기」 (1888)

관점으로 본다면 오류투성이의 실패한 작품이다. 그런데 고흐의 작품은 훗날 미술사에서 의미를 재현하는 미술의 종말이라는 중요한 의미를 획득한다. 인상주의자들의 그림에서 이어진 세잔과 고흐는 미술사라는 지배담론의 권력을 해체하는 데 성공한다.

그 후 다다이즘이 출현한 것은 필연적이다. '다다'는 사전에서 찾은 아무 의미 없는 말이다. 다다이즘은 무의미한 말장난으로 지배적 이데올로기에 반기를 들고 노골적으로 조롱한다. 뒤샹의 레디메이드와 초현실주의자들의 작업을 보라. 뒤샹은 모든 것이 예술이 될 수 있음을 보여준 최초의 인물이었다. 상점에서 파는 소변기를 들고나와 「샘」그림 4이라 이름 붙이고 예술이라 우긴 것이다. 미학적 가치가 없는 소변기를 택해서 소변기의 기능적인 역할을 자유롭게 해방시켰다. 그로부터 예술계의 룰, 깨질 것 같지 않던 단단한 규칙이 바뀌었다. 더 이상 현대 예술은 무언가를 재현할 의무가 없고 아이디어가 곧 예술이 된다.

레디메이드Ready-made, 모든 것은 이미 만들어져 있고 만든 주체는 우리가 아니라 타자이다. 작가는 자신이 속한 미술사의 산물이며 그의 부모의 욕망에서 자유로울 수 없고 시대적 환경이나 지식에 영향을 받는다. 현대의 예술가들은 타자에 지배되는 고정관념에 민감하게 반응하면서

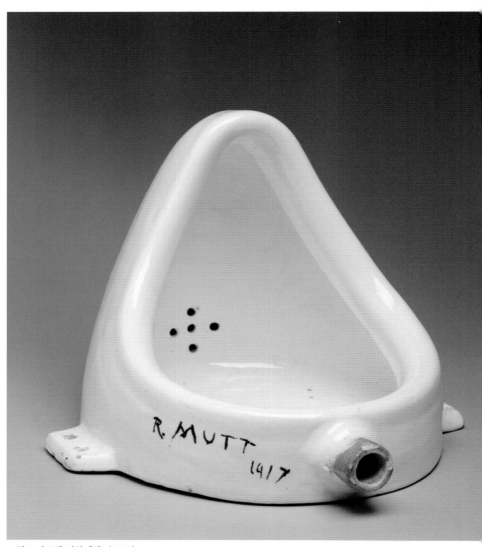

그림4. 마르셀 뒤샹, 「샘」(1917)

'나'와 세계의 풍경을 새롭게 창조해나간 것이다.

현실에서 우리의 삶은 흔히 미로에 갇힌 느낌을 받게 된다. 현재의 나의 모습은 어제의 나의 모습이었고 상상할 수 있는 미래의 나의 모습이기도 하다. 우리는 타자의 세계관을 나의 삶 속에서 반복할 뿐이다. 사람은 누구나 다면적이고 흩어진 다양한 '나'는 불안하므로 중심을 가지려 한다. 그때 인간의 심리는 이미 존재하는 지식의 틀에 의존하게 된다. 이렇듯 우리가 자신을 '나'라고 부를 수 있는 것은 고정관념의 보호 덕분이지만 바로 그것 때문에 '나'라는 존재는 소외된다. 결국 또다시 미로에 갇히고 만다.

그런데 삶이 미로인 것은, 고정관념의 관점에서 볼 때만 그러하다. 우리 인생에 단 하나의 출구만 있는 건 아니기 때문이다. 만일 자신을 지배하는 타자의 시선과 욕망, 그들의 지식에 맞설 수 있다면 미로의 벽은 전혀 다른 지평으로 열리게 된다. 따라서 '나'라는 '자아 정체성'은 매번 창조와 몰락의 반복을 거듭해야 한다. 비울 수 없다면 채울 수도 없다. 나는 끊임없이 재창조되어야 한다.

허동한

한양대를 졸업하고 일본 게이오대에서 석·박사 학위를 마쳤다.
이후 일본 큐슈국제대학 경제학과 교수로 임용된 뒤 2008년 명지대
경영학과 교수, 2015년부터 후쿠오카현립대학 공공사회학과 교수
로 재직 중이다.

저자

인간, 노동
그리고 경제

"일하는 것이 즐거운가요?"

"회사 출근이 기다려지나요?"

스스로 반문해 보자.

"나는 정말 일하는 것이 즐거워"라고 답하는 사람이 과연 몇 명이나 있을까.

아마도 대부분의 사람들은, 금요일 출근 날이면 '오늘만 잘 견디면' 주말 휴일이 있다는 사실에 발걸음이 가벼울 것이고, 일요일 해가 질 때면 다음 날 일하러 가야 한다는 현실에 탄식이 나오지 않을까. 그렇다고 해서, 일하기가 싫다고 해서, 회사를 그만둘 수는 없는 노릇이다.

"일 안하고 살 수는 없을까?" 평일 하루 24시간 중에서 수면시간과 식사시간 등을 제외하면, 일하는 시간이 대부분을 차지한다. 그만큼 '일'이라는 것은 우리 생활에 있어서 매우 밀접하고 중요한 테마다. 삶을 영위하기 위한 활동으로 '노동'이라는 표현을 쓴다. 살기 위해 먹을 식량을 확보하는 활동, 즉 삶을 영위하기 위한 활동이 '일'이며 '노동'이다. '노동'은 아주 먼 옛날 원시시대부터 존재해왔다. 지금은 식량 확보를 위한 활동의 범위와 방식에서 원시시대와는 다르지만, '삶을 위해 노동이 필수적이다'라는 사실은 변함없다.

노동(labor)은
고통과 노고(toil and trouble)

'노동', labor는 '일한다'는 의미와 함께 '고통과 노고 toil and trouble'의 의미도 포함하고 있다. 서구에서는 '노동'에 대해 '인간에게 있어 즐겁지 않은 것'이며 '고통이며 피해야 할 부정적인 것'으로 인식되어 왔다. 노동에 대한 서구의 이러한 부정적인 인식은 성경에도 잘 나타나 있다.

구약성서 '창세기' 3장 16절과 17절에는, 에덴동산에서 하나님이 먹지 말라고 한 열매를 먹은 아담과 이브에게 하나님이 벌을 주는 장면이 나온다. 여자 이브에게는 '아이를 낳는 고통과, 남편에게 종속되어야 하는' 벌이, 남자 아담에게는 '먹고 살기 위해 고통과 수고를 겪어야 하며, 결국에는 죽어야 하는' 벌이 각각 내려진다. 즉, 먹고 살기 위

티오

한 고통과 수고 toil and trouble가 '노동'이며, 이는 하나님이 내린 벌이다.

고대 그리스인들도 '노동'은 '고통과 노고'를 수반하는 피해야 할 것으로 인식했다. 그리스의 철학자 아리스토텔레스 Aristoteles: BC384-BC322는 인간의 활동을 3가지 영역으로 구분하여 설명했다. '생각하기'의 학문, 즉 '철학'으로 대표되는 가장 상위의 활동으로 '테오리아 theoria', 그리고 '행위, 연습'의 활동으로 '프락시스 praxis'가 있으며, '제작, 만들기, 창작'의 활동으로 '포이에시스 poiesis'의 3가지 영역이 그것이다. 지금의 'theory 이론'의 어원이 '테오리아 theoria'이며, 'practice 실천, 실행, 연습'의 어원이 '프락시스praxis', 그리고 'poem 詩'의 어원이 '포이에시스 poiesis'이다. 지금도 문과 계열 박사학위의 경우 세부의 학문 분야를 불문하고 'Ph. D Philosophy Doctor'로 명칭이 통일되어 쓰이고 있는 것도, 가장 상위에 위치한 활동 영역의 학문이 '철학'이라는 인식에서 비롯된 것이다.

'프락시스'는 정치나 군사 분야이며, '포이에시스'는 예술 분야로 이해할 수 있겠다. 여기서 가장 중심적인 역할로 아리스토텔레스는 '프락시스'를 꼽고 있다. '인간'을 '도시 안에서 동료들과 어울려 사는 동물'로 정의하고, '프락시스'를 '도시 폴리스라는 공동체를 만들고 운영하는 원칙들'이라고 말한다. 즉 '프락시스'는 정치와 군사 분야의 활동을 지칭하며, 실용적 학문이다. '테오리아'의 깊은 생각사유에서 출발하여 '프락시스'의 부단한 연습과 실행을 통해서 '포이에시스'의 아름다움과 창작이 완성된다고 보았다.

아리스토텔레스는 인간의 활동 3영역과는 별개로 '노동, 노고'의 활동으로 '포노스 ponos'를 두고 있다. 고대 그리스인들은 '테오리아' '프락시스' '포이에시스'는 인간이 본래 이루어야 하는 자유롭고 창조적인 활동이지만, '포노스'는 고통스럽고 피곤한 활동으로 인식한 것이다. 고대 그리스인들이 추구하던 자유로운 인간의 활동 3영역테오리스, 프락시스, 포이에시스과 고된 고통을 수반하는 노동의 영역포노스은 구분돼 왔던 것이다.

학문테오리스과 정치 및 군사 프락시스, 예술 포이에시스 이외의 활동, 예를 들어 곡식 경작이나 수렵 및 채취 등의 활동인 '포노스 노동'는 공동체 생활에서 꼭 필요한 활동이다. 고대 그리스 시대의 '포노스'는 노예나 여자들이 주로 담당하였다. 노예와 여자들이 '포노스'의 역할을 담당해 주었던 덕분에, 그리스 시민들은 '테오리아' '프락시스' '포이에시스'의 자유로운 인간 활동을 향유할 수 있었던 것이다.

이상에서 살펴본 바와 같이 예로부터 서구사회에서는 '노동'을 '고통과 노고'로 피해야 할 활동으로 인식하였다. 이러한 인식은 고전파 및 신고전파 경제학의 이론 전개에

타인

도 영향을 미치게 된다. 하지만 노동에 대한 이러한 인식은 18세기에 들어오면서 급격한 변화를 맞이한다.

노동은 인간의 권리, 로크의 노동소유론

'창세기' 1장 28절에는, 하나님이 아담과 이브에게 이 세상의 만물을 정복하고 다스리는 '만물의 영장'으로서의 지위와 역할을 주는 장면이 묘사되어 있다.[1] 인간의 '자연에 대한 지배권'은 하나님으로부터 부여받은 신성한 권한이자 신성한 '노동'이기도 하다.

영국의 철학자이며 정치사상가인 존 로크John Locke : 1632-1704는 '노동에 의한 소유론'을 이야기하였다. 하나님이 인간아담과 이브에게 부여한 '자연의 지배권'은 만인에게 부여된 것이며, 모든 사람은 스스로 자신만의 고유한 소유권을 가질 수 있다. 이는 하나님이 베푼 것이다. 자신만의 고유한 소유권은 '노동'의 결과로서 얻어질 수 있다고 하였다. 즉 스스로 자신의 노동력을 행사할 경우 노동에 따른 획득물이 곧 그 사람의 소유물이 된다는 이론을 전개했다. 이것이 '노동소유론' '노동에 의한 소유론'이다. '노동'은 인간에게 주어진 권리이기도 하다. 따라서 '일한다'는 것은 인간이 자신의 권리를 행사하는 것이다.

---

1   "하나님이 그들에게 복을 주시며 그들에게 이르시되 생육하고 번성하여 땅에 충만하라, 땅을 정복하라, 바다의 고기와 공중의 새와 땅에 움직이는 모든 생물을 다스리라 하시니라."(창세기 1장 28절)

'노동'을 '고통과 노고'로 보고 피해야 할 활동으로 취급한 지금까지의 인식이, 로크의 '노동소유론'에 와서 대전환을 맞이하게 된다. 그뿐만 아니라 로크의 사상은, 국가의 역할이나 정치철학 및 경제사상에도 큰 영향을 미치게 된다. 로크가 설파한 '국가'란, 평화와 선의, 상호부조가 있는 낙원적 자연상태에서 노동에 따른 개인의 재산권을 안전하게 보전해 주는 역할을 가진다. 국민 개개인의 소유권, 즉 재산을 보전하기 위해 사회계약에 의해서 '국가'가 발생한다는 것이다. 이를 두고 '야경국가론'이라 말하기도 한다. 즉, 국가의 권력이란 국민에 있으며**국민 주권**, 국민은 계약에 의하여 국가에 그것**국가의 권력**을 신탁한 것이다. 오늘날의 민주주의, 국민주권주의의 이념적인 근거가 바로 로크의 사상에서 나온 것이다.

로크의 사상은 1776년 7월 4일에 승인된 '미국 독립선언문'에도 영향을 미치게 된다. 미국의 독립선언문은, 영국의 통치로부터 13개 식민지의 독립을 선포한 문서다. 로크의 이론에 바탕을 두고 토머스 제퍼슨이 초안을 잡았으며, 인간의 자연권과 계약에 의한 통치 원칙을 천명한 역사적인 문서이다.

고대 서구사회에서는 '고통과 노고'로 인식되었던 '노동'이, 18세기에 와서는 인간의 권리로서, 개인이 소유하는 자연권으로서 인식 전환이 나타난 것이다. 이러한 인식 변화는 마르크스의 사상과 이론에 큰 영향을 미치게 된다.

마르크스의 노동가치론, 노동의 소외

마르크스Karl Marx: 1818-1883에게 있어서 '노동'은 그의 사상의 중심 개념이고, '노동가치론'은 마르크스 경제이론의 핵심이다. 그는 '고통과 노고'로 인식되었던 '노동'을 다른 관점에서 바라보았다. 그의 저작 『자본론』에서 '노동은 인간이 인간임을 나타내고 사회를 형성하기 위한 본질적인 생명 활동'이라고 정의하였다. 이는 스미스 Adam Smith: 1723-1790 이후 고전파 경제학자나 지금의 신고전파 경제학자들의 노동에 대한 견해와는 정반대의 입장이다. 고전파와 신고전파 경제학자들에 있어서 '노동'이란, '자유와 휴식, 여가, 행복'의 반대개념으로서 존재하고 있다. 그들의 노동에 대한 경제이론은, 노동labor과 여가 leisure를 양분하여 서로 대체 관계를 전제로 전개해간다. 즉, leisure자유와 휴식, 여가, 행복가 희생한 만큼 labor노동가 증가한다고 설명한다.

마르크스는 산업혁명 이후의 서구사회의 빈곤과 부의 불평등한 분배, 계급 대립의 사회문제들이, 노동에 대한 잘못된 인식과 잘못된 취급에서 기인한다고 보았다. 이것을 마르크스는 '노동의 소외'로 표현하고 있다. 동물의 '노동'과 인간의 '노동'은 다르다고 보았으니, 동물은 단지 생존과 번식을 위한 활동**노동**이지만, 인간은 생존과 번식을 위한 목적을 넘어 '의미 있고 가치 있는' 활동**노동**이라는 것이다. 생존만을 위한 수단으로 노동이 전락할 때 '노동의 소외'가 나타난다. 서구 산업혁명 이후의 빈곤과 불평등의 사회문제는 생존을 위한 수단으로 노동이 전락했기 때문에 발생한 문제이며, 그 결과 나타난 '노동의 소외'를 해소하기 위해서는 '노동가치'를 회복해야 한다고 역설했다.[2]

1688년 영국의 명예혁명과 1789년 프랑스의 대혁명을 거치며 왕정이 몰락하고, '법 앞에 만인은 평등하다'는 원칙에 입각한 시민법이 탄생한다. 하지만, 시민법에 근거한 자본가와 노동자 간의 평등한 고용계약은 결과적으로 계층 간의 빈부격차를 심화시키며 노동착취로 귀결이 되고 만다. 자본가와 노동자는 애초부터 평등하지가 않다. 자본가는 가진 자이며, 노동자는 못 가진 자이다. 평등하지 않은 이 두 관계를 평등에 기초한 시민법으로 규율한 결

2 노동의 소외가 노동자에게 미치는 영향를 다음과 같이 설명하고 있다. "노동자는 일에서 자신을 긍정하지 못한다. 오히려 그 자신을 부인한다. 비참하고 불행하다 느낀다. 자유로운 정신적, 심리적 에너지를 개발할 수 없다. 육체를 손상시키고, 마음을 황폐하게 한다. 그러므로 노동자는 일하지 않을 때에만 자신을 느낄 수 있다. 반면 일하는 중에는 자신을 못 느낀다. 일하지 않을 때는 마음이 편안하지만, 일하고 있을 때는 마음이 불편하다. 그러므로 그의 노동은 자발적이지 않고 강요된, 즉 강제노동이다. 그러므로 노동자는 노동을 통해 내적만족을 얻지 못한다. 노동은 단지 외부의 필요를 충족시키는 수단이다. 소외의 이 같은 성격은 노동을 마치 전염병처럼 싫어한다는 사실에서 분명히 드러난다." 마르크스, 『1844년 경제학 철학 수고』

과, 임금노동자의 잉여노동이 자본가에게 착취되고 만 것이다. 마르크스는 『자본론』에서 착취에 대한 정량적인 설명을 통해 '노동가치론'을 주장하고 있다. 이러한 마르크스의 사상과 이론은 사회주의 혁명의 불씨가 된다.

'고통과 노고'로 피해야 할 활동이었던 '노동'이, 18세기에 들어서면서 인간의 '권리'이며 '소유하는 자연권'으로 전환이 되어, 19세기에는 마르크스에 의해 '의미 있고 가치 있는' 활동으로 격상이 된 것이다.

경제란,
공동체의 살림살이

'경제' 이야기로 주제를 바꾸어 보자. 대학에서 '경제학'을 강의할 때, 경제經濟란 '희소성에 기초한 합리적 선택'이라고 한마디로 설명한다. 희소하지 않은 것은 경제학의 취급 대상이 아니다. 영어로 economy, 우리나라를 포함한 한자문화권 나라들에서는 economy를 '경제經濟'라고 번역하여 통용하고 있다. 아시다시피 경제經濟는 '세상을 다스리고 백성을 구제한다'는 뜻의 '경세제민' 經世濟民의 준말이다. '희소성에 기초한 합리적 선택'과 '세상을 다스리고 백성을 구제한다'는 말은 내용상으론 전혀 다른 뜻인데, 영어로는 economy로 동일하다.

economy의 어원은 그리스의 '오이코노미코스oiko-nomikos'에서 유래하고 있다고 한다. 오이코노미코스는 '살림살이' 정도로 해석할 수 있겠다. 살림살이는 가정 가계이 기본단위이다. 넉넉한 살림살이이든 빡빡한 살림살이이든 간에 정도의 차이는 있을지언정, 한 가정의 수입과 물자에는 한계가 있으며 이를 '희소성'이라 표현한다. 정해진 예산과 물자를 효율적으로 사용하기 위한 합리적 선택이 필요하며, 이것이 한 가정의 살림살이이다. '살림살이'라는 의미가 지역과 도시로 확대되며 가정보다는 규모가 큰 '공동체의 살림살이'라는 뜻으로 통용이 된다. 그리하여 고대 그리스의 도시 폴리스라는 공동체의 살림살이를 뜻하는 말로 '오이코노미코스'가 쓰였던 것이다.

그리고 점차 국가의 살림살이로 확대가 되면서 eco-nomy에는 '정치적'인 색채가 짙어진다. 18세기까지 '국가'라는 사회적, 정치적 관계의 맥락에서 economy가 인식되다 보니 'political economy'의 의미로 자연스럽게 정착이 된다. 하지만 그 당시에는 economy 혹은 political economy가 학문적 성격을 독립적으로 가지진 못하였다. 1890년 마셜 Alfred Marshall: 1842-1924 이 『경제학 원리 Principles of Economics 』를 출간함으로써 최초로 '경제학 economics'이란 용어가 등장했다. '경제'는 비로소 정치, 사회와 대등한 독립적인 영역으로 자리매김하게 된다.

오타

한자문화권에서 처음 economy를 번역한 때가 기록 상으로 1860년으로 확인된다. 일본의 계몽운동가이며 교육자인 후쿠자와 유키치福澤諭吉: 1835-1901가 1860년에 편찬한 일본 최초의 '일영사전'에서 economy를 經濟로 번역하고 있으며, 이후 '경제'라는 용어가 한자문화권 나라들에 통용이 된다. 후쿠자와 유키치는 마셜의 '경제학'이란 용어가 사용되기 전에 economy를 접하다 보니, 국가통치의 개념이 강한 political economy의 의미로서 해석한 것이다. 즉, 적은 예산과 자원을 어떻게 잘 운용할 것인가의 '살림살이'라는 의미의 economy가 아닌 국가통치의 개념이 강한 economy로 해석했다.

마지막으로, 다시 노동의 문제로 돌아가 생각해 보자.

고통과 노고, 피하고 싶은 활동으로 인식되었던 '노동'이, 18세기 이후 인간의 권리로서 그리고 의미 있고 가치 있는 활동으로서 인식이 전환되었다. 하지만 지금 우리는 과연 의미 있고 가치 있는 '노동'을, 즐겁고 기쁜 활동으로 인식하고 있는가. 노동을 피하고 싶은 생각은 없는가.

노동에 대한 인식 전환 이후 많은 세월이 흘렀지만, 정작 우리 개인이 느끼는 노동에 대한 인식은 과거로 역행한 것 같다는 생각을 지울 수 없다. 더 심각한 문제는 '포노스'의 활동만이 아닌, '테오리아'와 '프락시스', '포이에시스'의

분야에 종사하는 사람들조차 자신의 활동일에 고통과 피곤을 느낀다는 점이다. 이는 마르크스가 지적한 '노동의 소외'가 인간 활동의 전체 영역으로 확대되었다는 것을 의미하고 있다. 지금 우리가 살고 있는 사회는 고대 그리스 사회보다도 더 열악한 '노동' 환경이 된 것이다.

"나는 내가 하는 일이 너무 즐거워요."

"회사 출근할 때면, 해야 하는 일들이 떠올라 발걸음이 가볍고 경쾌해요."

누구나가 이와 같이 느낄 수 있는 '노동'의 정착은 현세에서는 불가능한 것인가. 다른 세상에만 존재하는 '낙원'이란 말인가.

'노동'의 본질을 다시금 생각해보며, '법 앞에 만인은 평등하다'는 '시민법'의 원칙보다는 '약자를 보호'하는 '사회법'의 원칙이 더욱 철저하고 폭넓게 적용된다면 '노동의 소외'는 사라질 것이며, 우리 개인이 느끼는 '노동'에 대한 인식 또한 개선되리라고 기대해 본다.

'노동'의 본질을
다시금 생각해보며,
'법 앞에 만인은 평등하다'는
'시민법'의 원칙보다는
'약자를 보호'하는
'사회법'의 원칙이 더욱
철저하고 폭넓게 적용된다면
'노동의 소외'는 사라질 것이며,
우리 개인이 느끼는
'노동'에 대한 인식 또한
개선되리라고 기대해 본다.

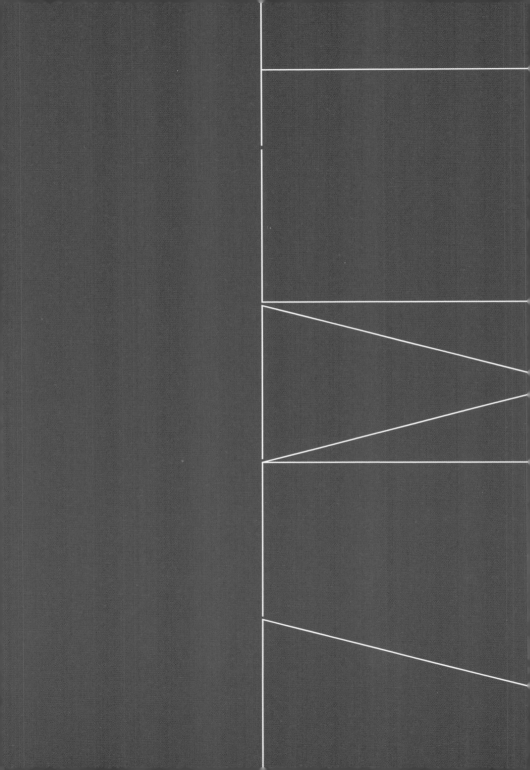

차 윤 석

부산대학교 도시공학과를 졸업하고 도시디자인을 공부하기 위해 베를린공과대학 건축학과로 유학해 학부와 석사 과정을 마쳤고 이후 여러 건축사무소에서 실무 경험을 쌓았다. 단독주택부터 대형 쇼핑몰까지 여러 스케일의 건축 작업과 아부다비 메트로 프로젝트, 카타르 루자일 경전철 프로젝트 등의 도시 스케일 작업에 참여했고 독일 건축사를 취득하였으며 귀국 후 동아대학교 건축학과 교수로 재직 중이다.

프리츠커상賞,
그게 도대체
무슨 상이지요?

상賞에 대한 소고小考

상을 받았던 추억이든, 아니면 지금 어딘가에서 상을 받는다는 경험은 결코 나쁜 경험이 아닐 것이다. 상賞이란 한자는 숭상할 상尙과 재물을 나타내는 조개 패貝라는 의미가 합쳐진 형성자이다. 누군가의 행동이 좋은 일이라 인정을 받고, 그 증표로 **가볍디가벼운 종이 한 장이 됐든**, 아니면 **그것보다 조금 무거운 금 한 돈이 됐든** 마음을 담아 무언가를 주고받는 행위가 어찌 기분 좋지 않을 수 있을까? 만약 짜고 치는 고스톱이 아니라면 주는 사람, 받는 사람이 다 즐거운 일임은 분명하다.

잠시 다른 면을 살펴보자면, 적어도 우리나라에서 칭찬을 받거나 상을 받는다는 행위가 그 자체로 완결되는 경우는 거의 없는 것 같다. 수상 경력은 소위 말하는 '스펙'이 된다. 중·고등학생들의 경우 대학에 진학하는 데 분명 도움이 된다. 대학생활을 하면서 쌓은 '스펙'은 취업을 하는 데 도움이 되며, 사회생활을 하면서 쌓은 '스펙'은 금전적 보상이나 명성을 보장해 주기 마련이다. 그래서 우리는 어린 시절부터 상을 타게 되면 칭찬과 더불어 무언가 다른 보상을 받는 것에 익숙해진 것 같다. 필자와 동거 중인 조그만 꼬마도 역시 마찬가지다. 유치원 시절부터 방학 숙제든 과제든 제출만 하고 나면, 무슨 놈의 상장을 그렇게 들고 오는지 벌써 한 스무 장 정도는 족히 받은 것 같다. 그리고 그 상장들은 조그만 꼬마에게는 좋은 무기가 된다. 평소에 가지고 싶었던 장난감이나, 입고 싶었던 스파이더맨 코스튬을 살 수 있는 좋은 구실이 되는 것이다. 상을 받아서, 칭찬을 받아서 그 자체로 좋은 것이 아니라, 그것을 통해서 무언가 다른 보상이 뒤따른다는 것을 이미 어린 시절에 학습해 버리는 것이다. 여담이긴 하지만 대학생들이 학기 말에 교수들에게 바리바리 전화를 걸어 성적에 대해 항의하는 것 역시 아마도 성적 자체가 중요한 것은 아닐 것이다.

그래서일까? 우리나라 사람들이 아직 받지 못해 안달

복달하는 상이 몇 개 있다. 그중 가장 권위 있는 상을 들라면 모두가 알고 있는 노벨상Nobel Prize이다. 간단하게 언급하자면, 노벨상은 물리, 화학, 생리 및 의학, 문학, 평화 부문에서 인류의 문명 발달에 학문적으로 기여한 사람들에게 수여하는 상이다. 우리나라에서는 고 김대중 대통령이 2000년 노벨 평화상을 수상하였으나, 아마도 대부분이 기억하지 못하는 듯하다. 흔히 알고 있는 노벨 경제학상은 스웨덴 중앙은행에서 수여하는 상으로 정식 노벨상이냐 아니냐에 대해 아직 논란이 진행 중이다. 노벨상에 버금가는 권위를 자랑하는 상으로 수학계에서는 필즈상Fields Medal과 아벨상Abel Prize, 울프상Wolf Prize이 있으며, 맨부커상을 비롯한 문학계의 상들과 다른 수많은 세계적인 상들이 존재한다.

프리츠커상, 무슨 상인가요?

그중 건축과 관련된 상이 오늘 언급할 프리츠커상 Pritzker Architecture Prize이다. 들어보신 분들도 물론 있겠지만, 보통은 이름마저도 생소한 이 상은 매년 하야트 재단이 "건축예술을 통해 재능과 비전, 책임의 뛰어난 결합을 보여주어 사람들과 건축 환경에 일관적이고 중요한 기여를 한 생존한 건축가에게 수여하는 상이다"라고 홈페이지에

필립 존슨_Glass house　　https://achievement.org/achiever/philip-johnson

친절하게 설명되어 있다. 프리츠커란 이름은 이 상의
설립자인 Jay A. Pritzker와 아내 Cindy Prizker의 이름
을 따서 만들었다고 한다. 프리츠커상은 1979년 미국
의 건축가 필립 존슨을 시작으로 2019년에는 일본의 이
소자키 아라타가 수상했으니, 지금까지 거의 40여 년의
역사를 자랑하는 상으로 흔히 '건축계의 노벨상'이라 불
리고 있다. 무슨 자신감인지는 모르나 홈페이지 FAQ에도
'건축계의 노벨상' 또는 '직업군의 최고의 영예'로 불린다고
적어놓았다. 상의 운영과 수상자 선정에 대한 절차 등을 노

필립 존슨 *

* www.achievement.org/achiever/philip-johnson

아라타 이소자키_카타르 내셔널 컨벤션 센터
www.archdaily.com/425521/qatar-national-convention-centre-arata-isozaki
52290ef9e8e44e5fdf0000c6-qatar-national-convention-centre-arata-isozaki-photo?next_project=no

아라타 이소자키 **

벨상을 모델로 한 것이 그 이유인 듯하나, 한편으론 귀엽기도 하고, 한편으론 웃음이 나는 부분이기도 하다. 하지만 오늘날 건축계를 대표하는 세계적인 권위를 가진 상임은 부인할 수 없는 사실이며, 건축에 관심이 있는 일반인들에게 그나마 친숙한 상이기도 하다.

물론 건축계를 대표하는 역사가 더 오래된 상도 있다. 대표적으로 170여 년의 역사를 자랑하는 영국의 RIBA Royal Gold Medal과 110여 년의 역사

** www.pullcast.eu/blog/meet-arata-isozaki-the-winner-of-the-pritzker-prize-2019

를 가진 미국의 AIA Gold Medal이 있다. RIBA Royal Gold Medal은 영국 왕립 건축가 협회Royal Institute of British Architects에서 개인 또는 그룹의 건축가에게 주는 상으로, 영국 왕실을 대신하여 매년 수여하고 있다. AIA Gold Medal 역시 미국 건축가 협회American Institute of Architects에서 수여하는 상이다. 개인적 의견이긴 하지만, 아무래도 각 국가의 건축가 협회에서 수여하는 상이다 보니 수상자의 국적에 약간의 편향이 있다는 느낌을 완전히 떨쳐내기는 힘들다.

우선 자국 국적을 가진 수상자의 비율을 살펴보면, 2020년 현재 데이터를 분석해 보면 RIBA Royal Gold Medal이 약 54%, AIA Gold Medal은 약 59%에 이른다. 프리츠커상의 경우 약 17%만이 자국 국적의 건축가가 수상했다. 우선 수치상으로는 다른 상들에 비해 공평하다는 느낌을 준다. 물론 이런 식의 수치 비교가 무슨 의미가 있냐고 이의를 제기하는 분들도 분명히 있을 것으로 예상되나, 1990년대 이후 수상자 명단을 살펴보면, 어느 상을 막론하고 받을 만한 사람들이 받은 것은 부인할 수 없는 사실이다. 이런 면에서 다른 상들과 큰 차이점은 없어 보인다. 하지만 2010년대 중반에 들어오면서 프리츠커상은 다른 상들과는 다른 전략을 선택하였다. 그전까지 소위 건축

계의 스타들에게 상이 돌아갔다면, 2010년대 중반 이후부터 건축과 공공, 사회문제로 그 관심을 돌리고 있다. 협의의 건축, 즉 건물이 아닌, 건축을 사회현상으로 평가를 하겠다고 선언한 것이다. 앞으로의 변화는 계속 지켜봐야 하겠지만, 개인적인 의견을 피력하자면, 올바른 선택을 한 것으로 판단된다.

프리츠커상을 타 와라 !!!

프리츠커상을 모르시는 분 중에도 작년에 있었던 국토교통부의 보도자료나 뉴스를 통해 논란이 있었다는 사실을 한 번 정도는 들어봤을 것으로 생각된다. 국토교통부의 자료에 따르면 "국토교통부장관 김현미는 정부 혁신의 하나로, 세계적인 건축가를 꿈꾸는 건축인이 해외 설계사무소 또는 연구기관에서 선진 설계기법을 배워 양질의 일자리에 취업할 수 있도록 체재비 등을 지원하는 넥스트 프리츠커 프로젝트이하 NPP사업 사업을 시행한다"라고 되어 있다. 이 발표가 나간 이후로 수많은 건축가들과 건축단체의 반발과 냉소 섞인 비판이 있었음은 물론이다. 어떤 분야든 좋은 성과를 내기 위해서는 개별 분야의 제도를 파악하고 나름의 전략이 있어야 한다. 이런 관점에서 볼 때 국토교통부는 나름 일리 있는 전략을 세운 것으로 판단된다. 또한 필자는 국토교통부의 전략 자체에 결코 어떤 왜곡된 의도가 있었다고 생각하진 않는다. 그리고 이 시도 자체를 폄훼하고 싶은 생각은 눈곱만큼도 없으며, 이러한 시도의 궁극적 목적은 우리나라의 건축 발전이라는 점을 믿어 의심치 않는다. 아마 프리츠커상은 이러한 발전의 결과로 부수적으로 따라올 수도 있을 것이고.

하지만 그 전략에서는 커다란 논리적 결함이 있어 보인다. 국토교통부는 우리나라의 건축계가 발전하기 위해서 젊은 건축가들이 소위 건축의 선진국이라고 하는 국가들의 기법을 그것이 설계 기법이든, 운영기법이든 배우는 것이 해법이라고 이미 가정하고 있다. 그 바탕에는 해외파가 국내파보다 프리츠커상을 받을 가능성이 크다는 전제가 깔려 있다. 과연 우리나라에서 활동하는 건축가들 중 해외에서 건축을 공부한 사람이 없어서, 해외 사무실에서 일을 해본 사람이 없어서 그러는 것일까? 그건 아닐 것이다. 필자가 아는 사람만도 차고 넘친다. 만약 해외에서 공부하고 일을 했던 사람들이 부족해서 프리츠커상을 탈 정도의 실력 있는 건축가가 나오지 못했다는 주장이 성립되려면, 필자를 포함한 이분들 모두 유학 시절 제대로 공부를 하지 않았거나 현재 무언가를 잘못하고 있다는 전제가 성립되어야 한다.

다시 말해 전략의 이면에는 이미 우리나라 건축계 내부에는 문제가 없다는 전제가 가정되어 있으며, 해외에서 선진기술을 배워오면 수준이 향상될 것이라는 믿음이 깔려있다. 마치 7,80년대 부모님들이 있는 돈, 없는 돈 끌어모아서 자식들을 과외 시켰던 것과 같은 모양새이다. 과외를 시켜서 좋은 성적을 얻자는 의도 자체가 무조건 틀렸다고 하진 않겠다. 그래도 보통의 부모라면 과외를 시키기 전에 여러 가지를 고민해 보는 것이 상식이 아니던가? 아이가 공부를 못한다면, 무조건 과외를 시킬 것이 아니라, 왜 공부를 못하는지 파악하는 것이 우선순위일 것이다. 여러 가지 생각 끝에 과외만이 정답이라는 결론이 났을 때, 과외를 시키는 것이 적어도 상식을 가진 부모들이 하는 행동일 것이다. 만약 우리나라 건축의 수준과 다른 나라 건축의 수준이 차이가 난다는 판단을 내렸다면, 우선 우리나라 건축의 현실과 수준부터 한번 제대로 파악하는 것이 선행되어야 한다. 그리고 그 차이의 원인이 무엇인지 파악이 되어야 하며, 그 원인이 내부적인지 외부적인지를 먼저 알아내야 한다. 물론 내부적 원인이 주된 원인이며, 그것이 무엇인지 다들 어느 정도 파악하고 있을 것으로 믿고 있다. 하지만 어떤 이유에서인지 누구도 제대로 이야기하지 않고 있으며, 이를 고칠 의지도 없어 보이는 것이 가장 심각한 문제 중 하나가 아닐까 하는 생각이 문득 머리를 스친다. 하긴 7,80년 대 무협지나 영화를 보면 팔이 하나 없는 주인공이 부모님의 복수를 하겠다고 무조건 봇짐 하나 달랑 매고, 사부를 찾아가서 죽을 고생을 하다가 결국은 무술의 대가가 되어 복수를 하고 쓸쓸히 뒤돌아 가면서 끝나는 장면이 가끔 나오긴 했다. 물론 가끔 주인공이라고 생각했던 인물이 악당이 되는 반전도 있긴 했으나.

우리는 꼭 상을 타야 하는가?

필자의 결론을 먼저 언급하자면, 현재 우리에게 프리츠커상이 중요한 것이 아니다. 타고 못 타고를 떠나서, 우선 다음의 질문에 대해 대답을 하고 넘어가는 것이 순서일 것 같다. 어떤 분야에서 상을 받는다는 것이 무슨 의미일까? 해답은 의외로 간단하다. 해당 분야의 목적을 잘 이해하고, 그 결과물이 우수해야 한다는 것이다. 그렇다면 건축계에서 상을 탄다는 것은 건축물이 우수하며, 그 건축물은 건축의 목적을 잘 구현한다는 의미일 것이다. 이 내용을 압축하면 다음과 같은 질문이 도출될 수 있다.

"좋은 건축이란 무엇인가?"

너무나 힘든 질문이다. 그래도 어쨌든 결론은 내어야 하는 것이 도리이기에, 답을 찾으려고 노력하는 시늉 정도는 해야 할 것 같다. 좋고 나쁨은 나중에 이야기하도록 하고, 우선 "건축이란 무엇인가"에 대해 이야기하도록 하자. "좋은 건축이란 무엇인가?"란 질문이 성립하기 위해서는, 우선 건축이란 것이 존재해야만 한다. 물론 대답하기 힘들기는 마찬가지다. 부끄럽게도 필자는 아직 이 질문에 대한 해답을 가지고 있지 않다. 정확하게 이야기하자면 나름 무언가를 가지고 있긴 하지만, 이 무언가가 본인의 의지와는 다르게 매일 바뀌고 있다. 건축을 시작하면서 지금까지 20여 년에 걸쳐 스스로 하는 질문이긴 하지만, 깜냥이 부족하니 어쩌겠는가? 물론 한때는 이 질문에 대한 해답을 찾는 것이 불가능할 것이라고, 저 나무 위에 매달린 포도는 아마도 시어서 못 먹을 것이라는 여우의 심정으로 살던 시절도 있긴 했다. 어쨌거나 해답의 여부를 떠나서 수많은 건축가가 건축에 관해 이야기하고 있고, 이 주제에 대한 논쟁이 벌어진다면, 다들 사흘 밤낮 정도는 하실 말씀들이 있을 것으로 생각된다. 우리나라의 건축가들을 다 불러서 이 주제에 대한 토론을 마련한다면, 논쟁을 떠나서 아마도 주먹다짐 정도는 충분히 일어날 수 있으리라.

프리츠커상 메달 *

* www.pritzkerprize.com/about

타이

다시 본론으로 돌아가자. "건축이란 무엇인가?" 이번 원고를 준비하면서 한동안 잠시 잊고 있었던 이 질문을 다시 돌아보게 되었다. 이런저런 자료를 찾아보다 문득 프리츠커상 수상자에게 돌아가는 청동메달에 새겨진 문구가 눈에 들어왔다. 건축가 루이스 설리반이 디자인한 메달의 뒷면에는 'Firmness' 'Commodity' 'Delight'라는 문구가 새겨져 있다. 어느 건축 책을 보아도 나와 있는 세 단어, 흔히 건축의 3요소로 알려진 'Firmitas' 'Utilitas' 'Venustas'이다. 우리말로는 주로 '구조' '기능' '미'라고 번역된다. 누가 번역해 놓았는지는 모르겠으나, 이렇게 단순하게 번역할 일은 아니다. 이 번역으로 인해 건축을 오해하는 사람들이 의외로 많기 때문이다. 어쨌든 이 문구는 기원전 1세기경 활동한 로마의 건축가 Marcus Vitruvius Polio이하 비트루비우스가 집필한 'De Architectura', 혹은 'De Architectura Libri Decem'이라고 불리는 책에 나오는 내용이다. 우리나라에서는 '건축십서建築十書'라는 제목으로 번역되었다. 이 책은 건축에서는 가장 오래된 고서이며, 건축이론에 있어 가장 기본이 되는 책이기도 하다.

비트루비우스는 이 세 가지 요소에 대해 다음과 같이 기술하고 있다.

공공건물은 구조, 기능, 미학적 요구 조건을
고려하여 지어야 한다.
건물의 기초가 단단한 지반까지 도달해 있고,
어떤 재료를 사용할 것인지 충분히 신중하게
선택하고 사용했을 때, Firmatas가 충족된다.
공간의 배치에 있어 오류가 없고,
사용에 제약이 없으며, 개별 공간의 목적에 따라
그 위치가 향을 잘 고려하여 배치되었을 때,
Utilitas가 충족된다.
건물의 외관이 기품 있고, 매력 있으며,
부재들이 정확한 계산에 따라 대칭이 되어 있을 때,
Venustas가 충족된다.

   물론 건축가에게 필요한 자질부터 건축 전반에 대한 다양한 내용이 바탕이 되어야 좀 더 정확히 이해할 수 있으나, 상세한 설명을 다 하기는 지면이 부족하다. 하지만 비트루비우스가 무슨 내용을 말하고자 하는지는 찬찬히 읽어보시면 이해를 하리라 생각한다. 이미 2000년 전에 로마의 한 건축가가 한 말이다. 그리고 다음 단계로 이 세 가지 요소의 조화를 주장하고 있다. 그리고 그 조화가 잘 이루어졌을 때, 좋은 건축이 된다고 이야기하고 있다. 좋은 재료를 사용해서 튼튼하고, 목적에 맞게 기능을 하며, 외관이

건축십서 *

기품 있을 때, 그 건축행위의 결과물은 좋다고 말할 수 있다는 것이다. 이런 결과들이 모여 조화를 이룰 때, 좋은 도시가 되고, 좋은 국가가 된다. 아주 단순하지 않은가? 물론 이 세 가지 요소를 조화시키는 것은 하늘의 별 따기만큼 어렵다는 것이 필자의 지론이긴 하지만, 과연 건축에 그 이상의 무언가가 필요할까? 왜 집 한 채를 짓고, 이야기하는

* https://de.wikipedia.org/wiki/Vitruv

데 어려운 이론들이, 미사여구가 동원되어야 하는가? 건축은 형태의 예술이다. 그리고 형태를 이해하기 위해서 우리는 이성을 활용하는 것이 아니라, 감성을 활용하는 것이 일반적인 순서이다. 물론 감성을 설명하기 위해 결국 이성을 동원해야 하기는 하나, 오늘의 주제와는 맞지 않음으로, 다음 기회에 논의하도록 하자. 쉽게 말해 눈으로 봤을 때 좋아 보이면 좋은 건물이고, 귀로 들었을 때 좋으면 좋은 음악이다. 별생각 없이 보기만 해도 직관적으로 알 수 있는 것을 왜 굳이 어려운 말로 설명해야 하는가? 필자가 2000년의 세월을 거슬러 올라간 데는 이유가 있다. 직관적이고 감성적인 판단이 가능하기 위해서는 건축에도 원론이 있어야 한다. 이 원론에 따라 원칙을 만들고 그것을 지키는 것. 비단 건축에만 해당하는 말이 아니겠지만, 다시 말해 기본을 지키는 일이다. 그리고 그 기본은 과거에도 오늘날에도 그렇게 큰 차이가 나지 않으며, 그다지 어렵지도 않다. 중요한 것은 기본을 만들고 지키는 의지이다.

글을 마치며

이번 원고를 준비하면서 프리츠커상에 관해 쓴 많은 건축가와 전문가의 글을 읽어 보았다. 관련된 글들을 읽어 보면 하나같이 공통점이 발견된다. 누가 썼든 항상 다음과

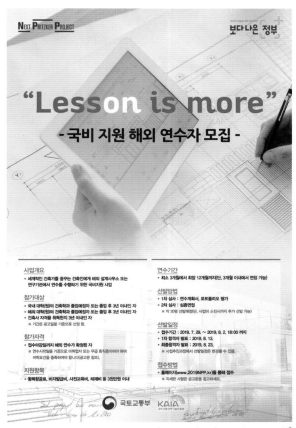

NEXT PRITZKER PROJECT

보다나은 정부

"Lesson is more"
- 국비 지원 해외 연수자 모집 -

사업개요
• 세계적인 건축가를 꿈꾸는 건축인에게 해외 설계사무소 또는 연구기관에서 연수를 수행하기 위한 국비지원 사업

참가대상
• 국내 대학(원)의 건축학과 졸업예정자 또는 졸업 후 3년 이내인 자
• 해외 대학(원)의 건축학과 졸업예정자 또는 졸업 후 3년 이내인 자
• 건축사 자격을 취득한지 3년 이내인 자
  ※ 기간은 공고일을 기준으로 산정 함.

참가자격
• 접수마감일까지 해외 연수가 확정된 자
  ※ 연수시작일을 기준으로 미취업 또는 무급 휴직중이어야 하며 어학요건을 충족하여야 함.(자세한건 공고 참조).

지원항목
• 왕복항공료, 비자발급비, 사전교육비, 체재비 등 3천만원 이내

연수기간
• 최소 3개월에서 최장 12개월까지(단, 3개월 이내에서 연장 가능)

선발방법
• 1차 심사 : 연수계획서, 포트폴리오 평가
• 2차 심사 : 심층면접
  ※ 약 30명 선발(예정)되며, 사업의 추진시점까지 추가 선발 가능)

선발일정
• 접수기간 : 2019. 7. 29. ~ 2019. 8. 2. 18:00 까지
• 1차 합격자 발표 : 2019. 8. 13.
• 최종합격자 발표 : 2019. 8. 23.
  ※ 사업추진과정에서 선발일정은 변경될 수 있음.

접수방법
• 홈페이지(www.2019NPP.kr)를 통해 접수
  ※ 자세한 사항은 공고문을 참고하세요.

국토교통부   KAIA

넥스트 프리츠커 프로젝트 포스터 *

같은 자조 섞인 이야기가 나온다는 것이다. "우리나라의 현
실에서는 좋은 건축이 나오기가 힘들다." "법과 제도를 개
선해야 한다." "건축가의 처우를 개선해야 한다." 다들 맞
는 말씀이다. 누가 보아도 우리나라 건축계의 현실은 좋지

* http://www.kai2002.org/news/8604

않다. 필자도 충분히 공감하는 바이며, 가슴 아픈 현실이다. 필자도 나름 꿈을 꾸는 사람이라, 다들 즐겁게, 먹고 사는 걱정 없이 건축했으면 좋겠다는 희망을 가지고 있다. 하지만 그 전에 이것 하나만큼은 묻고 넘어가야겠다. 그렇다면 법과 제도를 개선하고 처우가 개선되면 좋은 건축이 나올 수 있는가? 아마도 가능성은 커질지도 모르겠다. 하지만 개선을 위한 의지와 변화는 건축계 내부로부터 시작되는 것이 순서일 것이다. 무언가가 좋은 방향으로 발전해가기 위한 가장 기본적인 전제는 철저한 자기반성이다. 이러한 반성을 바탕으로 우리의 건축이 지켜야 할 기본적 가치를 정하고, 그것을 지키는 것. 이것이 출발점이 되어야 할 것이다. 이 출발점으로부터 원칙을 지켜간다면, 그것이 곧 우리가 나아가야 할 방향을 제시해 줄 것이다. 방향이 정해지고, 꾸준히 그 길을 따라 한 걸음씩 나아간다면 길은 더욱 탄탄해질 것이다. 그 길 위에서 다시 우리는 새로운 가치를 발견할 수 있을 것이다. 지금 우리는 과연 어느 길 위에 서 있는가를 스스로에게 한번 물어보아야 한다. 2000년 전 한 건축가가 이야기한 세 단어가 왜 오늘날 프리츠커상 메달에 새겨져 있는지 다시 한번 생각해 볼 일이다. 그리고 그 단어들이 우리에게 어떤 의미가 있는지도.

방향이 정해지고,
꾸준히 그 길을 따라
한 걸음씩 나아간다면
길은 더욱 탄탄해질 것이다.
그 길 위에서 다시 우리는
새로운 가치를 발견할 수
있을 것이다.
지금 우리는 과연
어느 길 위에 서 있는가를
스스로에게 한번
물어보아야 한다.

이한석

1990년대 말부터 현재까지 불모지였던 해양건축 분야의 선구자 역할을 하면서 지속적인 연구 및 교육 활동을 통해 우리나라 해양건축 발전에 기여해오고 있다. 현재 한국해양대 해양공간 건축학부 교수이며 해양수산부 기술자문위원회 위원으로 활동 중이다.

저자

삶의 공간,
육지를 넘어 바다로

삶의 공간으로서 바다

삶의 공간을 개척하는 건축학의 입장에서 '공간'이란 인간의 생활이 일어나는 장소 혹은 사회생활과 밀접하게 관련된 삶의 공간을 의미한다. 이런 의미에서 바다, 즉 해양공간은 인간의 사회생활과 밀접한 관계를 가진 삶의 영역이다. 삶의 공간으로서 해양공간은 바다와 영향을 주거나 영향을 받는 인간 활동의 장소이며, 일상생활이 영위되는 공간이고, 사회생활을 위해 건축환경 built environment 이 조성되는 영역이다. 또한 해양공간은 해양문화가 발생·성장·소멸하는 근거지이며, 풍력·조력·해수온도 등 에너지 자원과 자연자원을 풍부하게 가지고 있을 뿐 아니라 그 자체로서 귀중한 공간자원이다. 한편 해양공간은 육지에 대응하는 개념으로서 육지 공간을 대체하는 공간인 동시에 지구 차원의 기후 문제와 국제 갈등의 근원지이기도 하다.

삶의 공간으로서 바다는 국토계획 차원에서 연안, 도시계획 차원에서 수변waterfront, 그리고 수水공간인 해상海上공간, 해중海中공간, 해저海底공간 등으로 구성된다. 지구는 표면적의 70%가 바다로 구성되어 있으며 우리 국토 공간에서 해양공간은 육지의 4.5배 정도 더 넓다. 해양공간 가운데 기술적·경제적·사회적 관점에서 삶의 공간으로서 당장 실현 가능한 곳은 연안coastal area[1]이다.

바다는 육지와 다른 다양한 자연적 특성을 가지고 있다. 해변공간, 해상공간, 해중공간, 해저공간은 서로 다른 공간적 특성을 가지며, 물리적 특성으로서 바람·파도·조수·해류 등이 있다. 생태적 특성으로는 해양생물의 서식과 정화작용 등이 있으며, 심리적 특성으로서 바다가 사람에게 주는 평화로움, 신비감, 리듬감 등 정서적 가치가 있다. 이러한 바다의 특성을 잘 활용하여 거주·여가·상업·문화·생산 등 인간 활동과 관련된 다양한 생활공간을 바다에 만들 수 있다. 해양환경을 살리고, 아름다운 해양 경관을 창조하며, 바다의 독특한 이미지를 적용한 삶의 공간은 바다에서 살고자 하는 인간의 열망을 실현시킨다.

지금까지 바다는 어업을 중심으로 한 수산 기능과 물

---

1 해안선을 중심으로 일정한 범위의 육역과 해역으로 구성되는 연안은 지역적 차원, 국가적 차원, 국제적 차원, 그리고 지구인 차원에 이르기까지 중요한 해양 공간이다. 연안은 인간에게 친근한 공간이고 많은 인구가 거주하며 연안 생태계가 형성되어 있어서 삶의 공간으로서 잠재력이 크고 쓰임새가 광범위하다.

류 및 수송을 위한 교통·항만 기능이 대부분을 차지하였다. 그러나 최근 해양과학기술의 발달로 인해 새롭고 다양한 생활공간이 바다에 만들어지고 있다. 해양도시와 같은 대규모 삶의 공간을 비롯하여 업무 및 거주 용도의 생활공간이 들어서고 있으며, 에너지 개발이나 폐기물처리를 위한 산업용도의 공간, 바다목장과 같은 어류양식을 위한 공간, 석유탱크·LNG저장탱크·수소저장탱크 등 에너지저장공간이 조성되고 있다. 이와 함께 해양리조트, 마리나, 수변공원 등 갖가지 레저공간이 들어서고 있다.

삶의 공간을 굳이 바다에 만들려는 이유는 무엇인가? 우선 육지에서 생활을 위한 가용 공간이 부족하기 때문이다. 특히 해안침식과 지구온난화에 따른 해수면 상승 등에 의해 육지가 소멸되고 있다. 다음으로 공간의 기능상 바다에 세워져야 하는 것이 있으며, 또한 바다에 위치함으로서 공간의 부가가치를 높일 수 있는 것이 있다. 무엇보다 바다는 삶의 공간으로서 육지가 가질 수 없는 많은 장점을 가지고 있기 때문에 사람들이 바다에 살고 싶어 한다는 것이다. 결국 사람들이 바다에서 살고 싶어 하는 열망이야말로 바다가 삶의 공간으로서 활성화되는 가장 큰 이유라고 할 수 있다.

지금까지 인간은 바다의 용량이 무한대라 생각하여 끊임없이 오염시키고 해양생물을 무분별하게 남획해왔다. 그러나 이제 지구 차원에서 성장의 한계를 의식하고 해양 공간의 지속가능한 활용을 추구해야 하는 시대가 되었다. 미래에는 육지 공간보다 해양공간의 중요성이 더 커질 것이며 삶의 공간은 연안을 거쳐 바다 공간으로 나아가 해상공간, 해중공간, 해저공간이 일상생활의 장소가 될 것이다. 해상에는 부유식 항만이나 해상공항이 조성될 것이며, 부유식 스마트양식장이 들어설 것이고, 해상도시가 건설되어 에너지 및 식량을 자급자족하는 도시가 만들어진다. 수중이나 해저에는 해저 자원의 개발을 위한 해저 과학기지, 심해양식장, 자급자족의 수중도시 등 다양하게 개발될 것이다. 또한 수변공간은 건강한 주거 및 생활공간, 여가와 휴식을 위한 레저 공간, 다양한 문화가 교류하는 문화공간으로 활용될 것이다.

우리나라는 삼면이 바다로 둘러싸여 있는 지리적 특성과 육지 공간의 부족으로 인해 해양공간을 어떻게 창의적이고 효율적으로 이용하느냐가 국가의 생존과 발전에 매우 중요하며 삶의 공간으로서 해양공간의 지속가능한 활용이 필수적이라 하겠다.

해양건축,
바다에 생활공간 만들기

사람들은 바다 위에 집을 짓고 바닷속에도 집을 짓는다. 바야흐로 바다를 생활공간으로 창조하는 해양건축의 시대가 왔다. '해양건축'이란 바다에 삶의 공간을 만드는 행위이며, 해양건축물은 바다에 지은 생활공간이다. 건축, 즉 집짓기는 땅에서만 일어나는 행위로 알고 있는데 해양건축은 육지가 아닌 바다에서 인간이 쾌적하고 안전하게 생활하기 위해 삶의 공간을 정비하는 활동이며 그 결과물이 해양건축물이고 해양도시이다.

네덜란드 암스테르담 인근 수상 주거단지

해양건축은 곧 '바다의 건축'이다. 해양건축은 부드러운 형질의 바다와 관계를 맺고 있으며 육지의 일반 건축과 다른 특성을 가진다. 미학적 관점에서 해양건축은 무한 세계인 바다에 삶의 뿌리를 내리는 것이며 바다의 신비로움과 결합된다. 또한 집터로서 바다는 끊임없이 움직이며 깊고 넓기 때문에 해양건축은 바다와 역동적 관계를 갖는다. 사회적 관점에서 해양건축은 인간생활에 대한 새로운 비전과 국가와 같은 사회시스템에 대한 새로운 기회를 제공한다. 경제적 관점에서 비교적 값싼 해양공간의 점용·사용으로 인해 건설비용을 절감할 수 있으며 해양건축의 매력으로 인해 많은 부가가치를 창출한다.

네덜란드 로테르담 부유식 전시장

또한 지구환경의 관점에서 해양건축은 바다와 창조적인 관계를 형성한다. 해양건축은 지구환경을 살리는 친환경적이고, 지속가능한 건축이다. 해양건축은 바다에서 얻을 수 있는 재생에너지를 사용하여 지구온난화의 주범인 이산화탄소 배출을 저감한다. 더욱이 해양건축은 육지에서 주거단지나 도시를 개발하기 위해 숲을 파괴하는 것을 막아주며, 유닛부재[2]를 이용하기 때문에 이 부재를 적절하게 교체해 줌으로써 건물 수명을 늘일 수 있고, 완성된 건축물은 다른 장소로 이동하여 사용할 수 있기 때문에 재활용도가 높아서 건축폐기물을 줄일 수도 있다.

지금까지 전통적인 건축이론[3]에 따르면 건축물은 단단한 땅 위에 지어져야 하며, 바다와 같이 유동적이고 무른 물체는 건축물의 기반이 될 수 없다. 여기에 세워진 구조물은 건축물이 아니다. 이렇게 볼 때 인간 생활이 다양해지고 삶의 공간이 바다 또는 우주로 확장되는 시대에 맞추어 건축의 개념도 새롭게 변해야 한다. 삶의 공간은 바닷속이나 우주공간 같은 새로운 곳에서 창조될 수 있으며 육상의 생활공간보다 더 풍성하고 다양하며 환상적으로 될 수 있다.

2   치수, 구조, 디자인이 일정한 기본형 부재
3   예를 들어, 18세기 프랑스 이성주의 건축이론가 로지에(M. A. Laugier)의 건축이론

해양건축은 지속가능한 건축이 될 것이다. 또한, 바다를 포함하는 지구 차원의 권역에서 매크로적인 순환시스템을 지지하는 수단으로서 작용할 것이다. 해양건축은 쾌적함을 위한 환경 장치로 자연환경과의 조화를 꾀하고, 지구 환경에의 부하를 줄이며, 국가나 지역의 균형 있는 개발과 보전을 가능하게 하는 건축이 될 것이다. 이와 더불어 해양건축은 지역의 고유 해양문화를 계승하고 새로운 문화를 창달하는 매체가 될 것이며, 바다에서 생활의 풍요로움을 구현하기 위해 친수성이 넘치는 공간이 될 것이다.

해양도시의 미래

해양도시는 바다에 조성된 도시 규모의 생활공간이다. 해양도시에서는 사람들의 안전·건강·복지의 실현을 위해 주거시설이 정비되고, 수준 높은 문화·여가·교육을 위한 생활기반시설과 국제 물류 및 비즈니스 공간으로서 첨단 물류와 비즈니스의 환경이 정비된다. 해양도시는 크게 두 가지 형태로 구분되는데, 하나는 연안의 기존 항만도시가 발전한 형태이고, 다른 하나는 해상에 새롭게 구축되는 해상도시이다.

오랜 역사의 항만도시가 발전한 해양도시는 도시의
경제·산업·문화 전반에 걸쳐 항만 의존에서 벗어나 다양
한 해양산업을 도시경제의 기반으로 삼고, 독특한 해양문
화를 발굴·육성함으로써 도시의 정체성을 확립하며, 바다
를 활용하여 쾌적하고 안전한 생활공간을 제공하는 도시
이다. 세계적인 해양도시 대부분은 기존 항만도시가 발전
한 것이며, 최근에는 항만도시들이 수변의 항만공간 및 브
라운필드Brownfield[4]의 재창조를 통해 해양도시로 변화하
고 있다.

4   활동이 미미하거나 쇠퇴한 산업지역으로서 환경오염으로 인해 재개발이나 산업
    지역 확장 등이 어려운 지역

한편, 해상도시는 1960년대부터 제안되었다. 도시의 새로운 개념으로서 기존 도시에 얽매이지 않는 해상도시가 출현하였다. 처음에는 바다 위에 기존 도시를 연장하여 확장함으로써 도시문제를 해결하고자 하였다. 대표적인 예로 일본 건축가 단게 겐조丹下健三의 '동경계획1960'은 동경 만에 동경을 확장한 도시를 만들어서 도시문제를 해결하려고 시도하였다.

이후에는 기존 도시의 문제 해결보다는 새로운 도시의 건설을 위해 해상공간의 활용이 계획되고, 바다 위에 부유식으로 띄워서 도시를 건설하는 해상도시가 본격적으로 시도되었다. 부유식 해상도시의 계획은 해수면 상승으로 수몰 위기에 처한 섬나라 혹은 연안 도시들을 구하기 위한 수단으로 유엔 차원에서 검토되고 있다. 이러한 부유식 해상도시는 새로운 사회시스템의 기반으로 자급자족의 공간, 친환경적이고 스마트한 생활환경으로 계획되고 있다.

그러나 부유식 해상도시를 실현하기 위해서는 초대형 부유식 구조물과 주변 해양환경이 주고받는 영향이 명확하게 규명되어야 하며, 해상공간에서 사람들의 거주성·안전성·쾌적성에 대한 연구가 더 필요하다. 특히 해상공간에서 불특정 다수의 사람이 일시적으로 사용하는 공간이

나 첨단 정밀기기와 장비를 사용하는 공간에서 발생할지
도 모르는 치명적 재난 상황에 대비하여 충분한 검토와 실
증작업이 필요하다.

삶의 공간, 육지를 넘어 바다로

일본 후쿠오카 마리존(수상 건축물)

 기존 항만도시가 발전한 해양도시나 새롭게 조성되는
해상도시나 양쪽 모두 도시의 성패는 시민의 삶의 질 향상
을 위한 생활환경의 개선과 네트워크 거점으로서 도시의
역할에 달려 있다. 이와 함께 해양도시에서는 자연재난에
대비하여 철저한 안전대책을 마련해야 한다. 한편 해양도
시의 목표 가운데 하나는 '해양문화 도시'이다. 해양문화는
해양도시의 발전에 자양분을 제공할 뿐 아니라 해양도시의
정체성을 형성한다.

부산,
지속가능한 해양도시를 향하여

부산은 해양도시이다. 도시의 출발이 바다로부터 시작되었고, 도시의 성장도 바다로 인해 이루어졌다. 부산 경제는 대부분 바다와 관련된 산업으로 구성되어 있으며, 부산 문화는 오랜 세월 바다와 관련되어 축적된 생활양식으로 형성되어 있다. 그러나 부산은 지금 어려운 형편에 처해 있다. 경제는 힘들고, 미래에 대한 확실한 비전이 보이지 않으며, 인구는 줄고, 특히 젊은 인재들이 부산을 떠나고 있다. 부산의 문화적 정체성은 확실하지 않고, 자연재해의 엄습과 삶의 질 저하에 따라 시민들은 불안하다. 이런 측면에서 부산의 비전을 제시하면 '지속가능한 해양도시'이다. 이 비전을 달성하기 위해 다음과 같은 방안이 필요하다.

먼저 블루네트워크의 복원이다. 부산에는 바다를 비롯하여 강과 하천이 풍성한 수계水系를 형성하고 있다. 강과 바다를 서로 통하게 하고 물길을 따라 사람과 배가 자연스럽게 흐르도록 하는 블루네트워크를 복원해야 한다. 그래야 도시가 생기를 되찾고 시민들의 삶은 건강하게 될 것이다. 또한 부산의 산지와 녹지들은 서로 고립되고 물과 차단되어 있다. 해양도시에서 물과 녹지는 함께 존재하고 서로 조화를 이루면서 도시 환경의 질을 높인다. 따라서 부산의 블루네트워크와 그린네트워크가 속히 통합되어 친환경 도시로 거듭나야 한다.

　다음으로 부산의 해안을 따라 친수공간을 조성하고 서로 연결해야 한다. 부산 해안의 많은 부분은 바다로 시민의 접근을 통제하고 있다. 군데군데 조성해 놓은 친수공간들은 각자 떨어져 있어서 제대로 효과를 거두지 못한다. 이에 부산 해안 전체를 대상으로 '친수공간 종합계획'을 마련하고, 흩어져 있는 친수공간들을 연결하여 '친수공간 네트워크'를 만드는 것이 필요하다.

　세 번째로 시민을 위해 항만공간의 재창조가 필요하다. 부산의 해안은 상당 부분이 항만으로 구성되어 있으며, 항만공간의 확장과 도시공간의 구조 변화로 인해 항만과 도시가 많은 갈등을 가지고 있다. 따라서 도심에 위치한 항만은 도시공간으로 재창조하고 시민들에게 개방해야 한다. 현재 진행 중인 북항뿐 아니라 남항, 감천항, 용호항 등을 대상으로 항만공간의 재창조를 본격적으로 시도해야 한다.

미국 LA 산타모니카 피어건축물

    네 번째로 앞바다 공간의 적극적 활용이다. 도시 기반 시설이나 쾌적한 환경을 위해 육지 공간이 절대 부족한 부산은 앞바다 공간을 적극적으로 활용해야 한다. 그러나 매립방식은 지양하고 해상에 부유식 구조물을 만들어 이용해야 한다. 예를 들어, 부유식 인공대지를 만들어 주택용지로 공급할 수 있으며, 농작물과 수산물을 동시 기를 수 있는 부유식 스마트팜을 설치할 수 있다. 영도에는 부유식 해양사이언스 파크를 건설할 수 있다. 좀 더 먼 바다에는 지진 등 비상사태에 사용할 수 있도록 수중에 수소에너지 저장 탱크를 설치할 수도 있다.

영국 카디프 이너하버 수상식당

　　다섯 번째로 부산은 언제 닥칠지 모르는 태풍·해일·지
진에 미리 대비해야 한다. 지구 위기에 따른 이상기상 현상
으로 인해 해수면이 상승하고 강력한 태풍이나 집중호우의
가능성이 커지고 있는데 해양공간은 이러한 자연재해로부
터 도시를 막아주는 완충공간의 역할을 한다. 따라서 도시
생존 차원에서 해양공간을 활용한 자연재난 예방 및 복구
관련 대책을 체계적으로 수립하고 실행해야 한다.

여섯 번째로 부산은 고품격 해양문화 도시가 되어야 한다. 도시의 문화적 역량이야말로 도시의 자산이며 힘이다. 해양도시 부산의 문화적 정체성은 당연히 해양문화에서 찾을 수 있다. 해양문화를 발굴하고 모은 다음 다양한 해양문화시설을 해양공간에 조성하고 여기에 해양문화를 전시·보관·교육·체험할 수 있도록 하여 새로운 해양문화의 발신 기지가 되도록 한다.

싱가폴 마리나베이 부유식 축구장

캐나다 온타리오호수 수상전시장

　한편 부산의 해양공간에서는 기능적인 측면에서만 접
근되고, 외국 유명한 개발사례를 모방하며, 정작 시민을 위
한 수준 높은 해양문화에 관심은 부족하다. 그리고 부산의
연안은 사계절 복합적인 이용이 활성화되지 못하고, 해수
욕장 등 일부 공간에만 일시적으로 집중적인 이용이 발생
하고 있다. 도서 및 어촌·어항은 인구 감소 및 고령화, 자연
훼손, 환경오염 등으로 황폐해지고 있다.

타운

이러한 상황에서 부산은 해양공간을 어떻게 활용해야 하는가? 해양공간을 도시에서 의미 있는 장소로 만들고, 동시에 생활의 활력을 위한 삶의 무대로 만드는 것이 필요하다. 이를 위해 해양공간의 장소성을 강화하고, 해양공간의 매력과 특성을 살리는 것이 필요하다. 또한, 해양공간을 방문하는 곳이 아니라 자연환경과 인공환경이 공존하는 진정한 삶의 공간으로 조성해야 한다.

한편, 지금까지 연안의 관리와 이용에 국한된 해양공간의 활용은 해상은 물론 해중과 해저까지 확대하여 이루어져야 한다. 2013년 3월 매일경제신문에서 주관한 '원아시아도시선언'에서는 부산 북항재개발지역에 해저도시개발을 제안하였다.[5] 향후 해중 및 해저공간은 해상공간과 함께 인간의 주거 및 레저를 위한 생활공간으로 발전할 것이므로 이에 관심을 가지고 본격적으로 준비해야 할 것이다.

---

5   매일경제신문, 부산중심 메갈로폴리스가 '제2 기적' 부른다, 2013.3.21 기사 참조

우동주

동의대학교 건축학과 명예교수이며 ㈜상지건축 부속 부산 지속가능
발전연구소(BISD) 소장으로 재직 중이다. 저서로『건축계획·설계』
(공저)『주거』(공저)『아파트 디자인을 다시 생각한다』등이 있다. 대
한건축학회 학술상, 한국과학기술단체총연합회 우수논문상, 부산문
화상 등을 수상했다.

지속가능한 삶,
지속가능한 주거

얼마 전 집에 고가구 하나를 들여놓았다.
집안 분위기가 확 달라졌다.
『덴마크 사람들은 왜 첫 월급으로 의자를 살까?』라
는 책을 보면 그들은 첫 월급으로, 쓰다 버리는 것이
아닌 후세 남길 만한 가구를 산다는 것이다. 첫 월
급을 받으면 주로 옷을 산다는 우리와는 너무 다르
다. 오래 머무는 공간에 대한 의미를 생각하게 했다.
많은 시간을 보내는 공간이야말로 삶 자체라 할 수
있다. 장소에 따라 삶의 질이 달라지기 때문이다.

사람들이 커피 한잔을 위해 분위기 있는 카페를 고민
해서 찾는 경우를 종종 보게 된다. 어떤 공간이나 장소에
서 느끼게 된 감동은 오랫동안 뇌리에 남아 있기 마련이
다. 특별한 장소에서 느끼는 감성이 점점 소중하게 느껴지
는 요즈음이다.

범어사 진입 공간 변경 전

　범어사 일주문에서부터 보제루로 올라가는 진입 과정
의 공간감을 잊을 수 없다. 가히 국내외적으로도 드물게 깊
은 공간감을 느낄 수 있는 장소였다. 해마다 건축과 학생
들과 현장수업을 하면서 무엇이 그곳의 공간감을 풍요롭
게 하는지 생각을 나누곤 했다. 일주문에서 보제루로 오르
는 과정은 마치 세속에서 승화된 공간으로 상승하는 것처
럼 마음을 정화한다.

　그토록 풍요롭던 공간이 지금은 홀연히 사라지고 없
다. 대신에 흔해 빠진 그저 힘겹게 올라가야 하는 진입계
단으로 바뀌어 버렸다. 충격이 이만저만 아니었다. 보제
루 누하 진입의 필요성은 이해할 수 있으나 기존의 공간적

터

특성을 망가뜨릴 이유는 없었다. 어쩌면 몇백 년을 거쳐서 형성된 문화유산이자, 지속가능했던 장소를 누군가 한순간의 잘못으로 영원히 날려 버린 것이다. 돈을 들여서 오히려 망쳐버리는 경우가 어디 여기뿐이겠는가 만은 참으로 안타깝다.

이후에는 외국인이 혹 한국 전통사찰을 보고 싶다고 하면 범어사보다는 통도사로 안내한다.

하나의 장소란 의미 있는 상징성을 포함한 공간을 말한다. 하나의 장소에서 느끼는 공간 감성은 인간 본능이다. 인간적 삶이란 동물적 감성을 바르게 자극받을 수 있는 장소에서 가능하다. 현대인들에게 가장 필요한 것이 원시성 회복이라고 하지 않는가.

개발시대를 거치는 동안 수많은 지역이 근대화라는 미명하에 그 지역 고유의 장소적 특성을 날려버렸다.

최근에는 우리의 행동, 사고, 느낌이 실제 유전자와 신경화학, 역사, 상호관계 뿐만 아니라 주변 환경에 의해 형성된다는 것이 밝혀지고 있다.

이미 2000년 전에 히포크라테스는 '우리의 복리가 주위 환경에 의해 영향을 받는다'는 견해를 밝혔다, 이것이 서구 의학의 핵심이 됐다. 고대의 의사들은 말라리아 기생충이 모기에 의해 옮겨진다는 사실을 몰랐다고 한다. 그러나 구릉지 도시에 사는 거주자들은 습지에 사는 사람들보다 더욱 건강하다는 것을 알고 있었고, 문제는 나쁜 장소라고 결론지었다.

그동안 우리는 도시지역의 고유한 장소성을 살리기보다는 기능성, 효율성 위주의 획일적 도시공간으로 바꾸어 놓았다.

이러한 현상은 환경적으로도 부담을 줄 뿐만 아니라 주민들의 신체·정신적 건강에도 의문점을 던져주고 있다. 초고층아파트 자체는 장기적으로는 국가에 경제적 부담이 될 수밖에 없다. 도심에 들어서는 단지형 아파트는 주변가로에 폐쇄적인 담장을 둘러쳐 도시의 섬으로 남아 도시구조 자체를 와해시키고 있다. 이에 지속가능할 수 없는 도시환경이 만들어졌다.

이러한 환경, 건강, 안락 그리고 경제, 사회, 문화 등의 쟁점들을 언젠가부터 우리는 지속가능성의 주된 요소라고 부르게 되었다. 건축분야에서는 기본으로 생각해 왔던 구조, 기능, 미에 이러한 요소를 추가해 지속가능한 건축의 개념으로 받아들이고 있다.

말하자면 편리성 중심의 기능보다 환경, 건강, 안락과 경제, 사회, 문화적 측면에서 통합적인 성능과 장기적 가치를 지닌 안전하고 확실한 결과를 얻고자 하는 것이 궁극적인 목표라고 할 수 있다.

위에서 거론된 지속가능한 요소별로 우리의 주거환경을 한번 살펴보자.

첫째, 세계에서 사용되는 에너지의 50-60%가 건설 행위 및 건물 사용과 관련해 소비되고 있다고 하니 우리네 고층 아파트가 미치는 환경적 영향은 적지 않을 것이다.

에너지 과소비, 환경부하가 많은 재료의 사용, 생물의 다양성 고려 미흡, 흙·물·공기의 오염, 생활쓰레기 등이 환경 측면에서 문제가 될 수 있다.

아파트 고층화는 주변의 기후까지 변화시키고 있다. 고층 아파트로 인해 가로 사이에 형성되는 도시 협곡urban canyon 현상과 도시의 상부 공기층으로 형성된 도시 캐노피 urban canopy 현상은 도시 복사열에 크게 영향을 미치고 있다.

최근 들어서 우리나라는 전례 없이 더운 여름을 보내고 있는데 이것은 도심 고층 아파트의 난립에 의한 열섬효과와 무관하지 않을 것이다. 특히 고층 아파트 건물 사이를 통과한 빌딩풍은 속도가 최대 2배까지 빨라지는 것으로 관측되고 있어, 해마다 찾아오는 태풍의 피해를 스스로 가중시키는 원인이 되고 있음을 볼 수 있다.

환경적인 측면에서는 크게 자연자원의 이용, 재생 가능한 재료의 사용, 상·하·중수 활용, 오염의 최소화, 대중교통과 보행을 우선한 동선계획, 자연공생디자인 등이 고려되어야 할 것이다. 환경과 에너지 문제가 심각한 수준까지 악화되고 있는 최근에는 도시·주거 분야에도 지속가능성의 가치가 점진적으로 공론화되어가고 있음을 볼 수 있다.

둘째, 고층아파트가 주민의 건강에 미치는 영향에 대해서는 별반 고려하지 못하고 있는 실정이다. 사실 건강과 주거생활의 상관관계는 오랜 기간 인식되어 왔다.

현실적으로 층간소음이나 적절하지 못한 통풍 계획

과 냄새, 그리고 화학성분과 전자기장 등이 주민 생활에 영향을 미치고 있다. 그밖에 과잉 난방과 해안가 아파트의 습기 문제 등과 함께 많은 사람들이 알레르기, 바이러스 전염, 스트레스 등의 증상을 호소하고 있다. 주거공간에서의 의학적 병리 현상이라 할 수 있는 건물증후군SBS : Sick Building Syndrome은 새로운 것은 아니다. 이미 오래 전 서유럽의 경우 30% 정도의 바이러스성 질환이 건물증후군에서 비롯된 것으로 보고된 바가 있다. 증상으로는 비폐색, 가슴 압박 등 호흡기 증상, 안구건조증 등 눈의 증상, 인후자극 등 구강 인후증상, 피부 건조 자극 발진, 그밖에 두통과 피로 등의 증상이 나타나는 것으로 보고된 바 있다.

아파트에서의 정신·건강적 측면은 심리적 편안함, 미학적 즐거움, 정서적 풍요로움을 생각해 볼 수 있다. 아파트 단지계획에서 잘못된 옥외 공간 디자인은 주민의 이웃 관계를 위한 사교적 행동에 영향을 미치거나 친밀하지 못한 근린관계를 형성할 수 있다는 것이다.

친밀감이 적을 경우 과민한 행동과 불쾌감 그리고 심지어 불안의 근원이 될 수도 있다. 주거환경디자인이 주거 침입, 공격, 반달리즘 발생에 영향을 미치는 것은 분명하며 안전의 위험이 될 수 있다.

한편 고층일수록 임산부의 유산율이 높고, 유아기 어린이의 대소변 가림 시기가 늦어지는 등 독립심에 영향을

환경과 디자인

줄 수 있다는 문제도 제기된다. 특히 엘리베이터 옆방은 진동이나 전자기장의 영향을 받기 쉬워 침실로 사용하는 것을 피해야 한다는 연구 결과가 보고된 바 있다.

셋째, 아파트 성공의 핵심 요소는 이웃관계에서 느끼는 만족도에 달려있다고 해도 과언이 아니다. 말하자면, 지속가능한 아파트란 친환경적 요소와 건강관리 차원 그 이상을 의미한다.

영국의 론트리Joseph Rowntree 재단에 의해 이루어진 조사에 의하면, 일반적으로 열 사람 중에 세 명은 그들의 이웃 관계로 인한 불만 속에서 주거 생활을 이어가고 있다고 한다. 주된 이유는 범죄의 공포25%, 개에 의한 소란16%, 레저 시설의 빈곤15%, 사람들의 내부에 있는 폭력

지속가능한 주거 단지, 스웨덴 함마르뷔

적 성격들의 표출14%, 어수선한 물건과 쓰레기13% 등으로 나타나고 있다.

지속가능한 아파트 디자인이란 지속가능한 공동체를 만드는 것이라 할 수 있다.

고층일수록 이웃 인식도가 낮으며 각종 사회활동에서 고립되는 특성이 나타나고 있다. 아파트는 공동체의 유대를 이끄는 인자이기 때문에 문화와 경제적 활기의 근본을 이룬다고 할 수 있다. 따라서 질적으로 쾌적한 도시주거 없이는 참된 사회적 발전이 불가능하다고 해도 과언이 아니다.

오늘날 쾌적한 아파트와 최악의 아파트에 대해서 전문가들의 책임론이 거론되기도 한다. 어떤 아파트는 공동체 의식을 고취해왔으나 다른 경우에는 공동체 의식을 저하시켰다는 점에서 책임을 느껴야 한다는 말이다.

가로와 주거단지의 활성화 계획, 경관 디자인, 인구밀도, 사회적 혼합, 고용의 기회 창출 등은 사실상 건축가들의 영역 밖에서 일어난다. 따라서 건축가들은 지속가능성이라는 개념을 주거환경 디자인을 위한 새로운 총체적 개념으로 받아들여야 한다.

넷째, 획일적인 고층 아파트 건립으로는 도시환경이 지속가능할 수 없다.

부와 효율성의 상징이었던 고층 아파트가 서구에서는 사회 문제가 되기 시작하면서 해체를 서두르고 있다.

70년대까지는 독일에서도 고층 아파트가 급속한 성장과 맞물려 주택난을 효율적으로 해결하는 방법이었다. 그러나 이제는 고층 아파트가 서구 여러 나라에서 흉물로 인식되고 있다.

독일의 경우 통일된 이후 지금까지 20만 가구의 고층 아파트가 해체되었다. 고층 아파트를 철거하는 것이 지역이미지를 바꾸는 중요한 상징적 출발로 인식되는 분위기라고 하니 우리의 미래 사회를 엿보는 듯하다. 지역의 위상을 떨어뜨리고 미관을 해치는 고층 아파트 철거는 앞으로도 계속될 것으로 보인다.

혹자는 우리나라 아파트의 고층화 현상을 높은 인구밀도 탓으로 돌리기도 한다. 인구고밀을 감안할 때 우리나라는 고층화만이 유일한 방안이라 말한다. 그러나 서울보다 밀도가 높은 파리와 코펜하겐, 그리고 부산보다 밀도가 높은 스톡홀름도 우리처럼 쉽게 고층화를 추구하지 않는다. 여전히 도시가로를 중시하는 중층고밀의 가로중정형을 고수하고 있다.

따라서 밀도의 확보 방법은 선택의 문제로 볼 수 있는데, 밀도를 확보하는 방법으로 우리는 고층화를 택한 것이라 할 수 있다.

이것은 각 나라마다 추구하는 가치관에 따른 것으로 사회 문화적 차이에서 비롯된 것이라 할 수 있다. 우리나라는 기존 도심의 가로조직을 무시한 채 교외 지역에나 어울리는 단지형이 도심의 섬처럼 들어서고 있는 것이 문제다. 이러한 단지형 개발방식만으로는 도시가 지속가능할 수 없다.

세계적으로 오래된 대부분의 도시towns에는 지속가능할 수 있는 도시형 주택의 모델이 존재한다. 그것은 콤팩트compact하고, 적절한 고밀도의 형태적 환경 조건을 유지하고 있으며, 거주, 일, 여가 그리고 쇼핑 지역이 중복됨을 토대로 한 대지 사용의 복합화가 이루어져 있는 것이 특징이다.

미국의 뉴어버니즘new urbanism 운동은 근본적으로 전통적인 도시의 재발견이지만, 한편으로는 지속가능한 디자인과 도시 생활을 위해 문명화된 가치들의 결합이라고 할 수 있다. 예컨대 뉴어버니즘 운동은 대중교통이 지역의 위치·규모·조직·밀도를 결정해야 한다는 원칙을 핵심으로 하고 있으며, 이는 공간적·사회적·미학적 질서를 위한 토대가 되고 있음을 볼 수 있다.

도시의 골격을 파괴하는 획일적인 단지형 방식의 도심개발은 지속성을 지닌 도시 골격을 기본으로 하는 도시가로형 개발로 다양화되어야 한다.

최근 우리나라 공동주택 공모전에서도 도시가로형을 채택한 안들이 당선되기도 하는 것을 드물게 볼 수 있다. 획일적이며 폐쇄적인 고층형 단지계획에서 벗어나 다양한 변화를 읽을 수 있어 다행이라 생각된다.

당분간 고층화를 피할 수 없다 하더라도 수직적 그룹핑, 효율성을 위해 층별 엘리베이터를 달리하는 뱅크 계획, 중간층 공용 공간, 휴게시설 계획 등을 통해 수직적 슬럼화 vertical slum 의 속도를 늦추어야 한다.

다섯째, 아파트 계획은 분양할 때, 유지관리와 노후화 그리고 철거까지 미리 고려해야 한다.

일본 노무라종합연구소의 예측에 따르면, 2033년에는 일본의 빈집 수가 2천만 채약 30%를 넘을 전망이다.

터미

빈집 비율이 30%를 넘으면 급속하게 치안이 악화하고, 환경 악화를 싫어하는 사람들이 그 지역을 떠나기 시작하면 바로 슬럼화가 시작된다. 빈집이 늘어나면 일본의 많은 지역사회가 붕괴 위기에 놓이게 될 것이다. 이러한 지역사회의 붕괴 현상은 지방에서 시작되어 도시 교외, 그리고 도심지로 퍼지고 있다. [1]

대도시지역에서 빈집이 늘어나는 이유는 뭘까? 도시지역에서 고령화가 빠르게 진행되고 있기 때문이다. 고령화 사회로 진입한 우리나라도 '노후 아파트 슬럼화'는 눈앞에 다가온 미래다. 주민 대부분이 노인들로 구성되면서 재건축 등 정비사업 추진 동력이 떨어지고, 슬럼화가 가속되는 것이다. 전국에서 30년 이상 노후 아파트가 가장 많은 곳은 서울16만3,553가구과 부산7만 3,976가구이다. 현재는 전체 아파트의 10%정도이지만, 5년 후인 2025년이면 서울은 약 58만 가구, 부산은 약 26만 가구로 늘어난다. 30년 이상 노후 아파트가 지역 전체 아파트의 3분의 1 이상을 차지하게 된다는 것이다. [2]

일반적으로 아파트의 공실률이 10%를 넘으면 일상적으로 관리 조합을 운영하기 어렵게 된다. 20%를 넘으면 장기적인 전망도 대책도 쉽지 않기 때문에 공실률은 더욱 늘어난다. 준공 30년 이상 된 아파트가 2025년엔 320만 가구

1 중앙일보, 도쿄에도 빈집 90만 채…유령주택, 대도시까지 번지나
2 http://blog.daum.net/sckyg/17964835

이상으로 늘어난다고 한다. 재건축 리모델링 사업을 진행하지 못한 노후아파트는 거래가 끊기고, 주민들이 속속 이탈하면서 공동화 현상이 불가피하게 될 것이다.

아파트 관리조합에서 주민들의 의견이 충돌하게 되어 만사가 쉽게 결정되지 않는다. 이러한 아파트를 떠나는 주민도 늘어나고 있다. 공실이 늘어나면서 관리비와 수선 적립금을 징수할 수 없게 된다. 공실률이 늘어나면 엘리베이터가 멈추고, 가스·수도·전기 등도 중단되어 주민이 생활에 어려움을 겪기 때문에 재생하기 어렵게 된다.

개념적으로는 받아들이면서도 지속가능한 주거 환경에 대한 준비와 실현이 어려운 이유는 무엇일까? 지속가능성은 너무 오랫동안 잘못 인식되어 왔다. 단순히 효과적인 에너지 사용 등 너무 환경적 측면에 치우쳐 있었다. 환경뿐만 아니라 건강, 경제, 사회, 문화 등의 다양한 분야를 통합적으로 인식하는 지속가능한 개념으로 접근해야 한다.

의외로 건축주나 건축가들은 지속가능한 디자인에 별반 관심이 없다.

건축주들은 이를 번거롭게 여기거나, 투자 대비 결과에 대해서 만족감을 느끼지 못한다는 것이다. 건축가들 역시 필요성을 인식하고 있으나 절실성을 느낄 정도는 아니라는 것이다. 미래의 건축 문제 해결을 위해서도 여전히 건축가들은 건축 자체의 위력을 믿고 있는 분위기이다.

지속가능성이란 오래 지속가능할 수 있음만을 의미하는 것이 아니다.

그동안 양적 성장 위주의 발전이었다면 질적인 측면의 가치를 회복하는데 비중을 두자는 것이다. 지속가능한 발전이란 보다 인간적인 삶을 추구하기 위한 새로운 인간성humanity을 모색하는 것이 목표라고 할 수 있다. 이러한 점을 외면한다면 미래사회 건축가들의 입지는 더욱 좁아질 수밖에 없다. 환경문제를 포함해 지속가능성에 관한 책임의식이 없는 건축가를 미래사회가 더 이상 필요로 할지 의문이다.

불확실한 미래에 대응할 수 있는 인식체계로서, 아직은 지속가능성을 대체할 만한 것이 없다. 지속가능한 목표 수행을 위해서는 당장 투자비 증가와 수익 감소를 감수해야 하는 어려움은 있다.

그러나 인구감소의 시대를 맞이해 인간적이며 보다 질적인 삶을 지속적으로 구현하기 위해서는 위에서 언급한 환경, 건강, 경제와 사회 문화적 측면의 지속가능성에 초점을 맞춘 균형 있는 주거환경의 실현을 우리 모두 서둘러야 할 때라고 생각한다. 지속가능한 삶이란 지속가능한 주거환경을 전제로 하기 때문이다.

김 기 수

동아대학교 석당박물관 관장, 디자인융합대학 건축학과 교수로 재직 중이다. 국가건축정책위원회 위원, 부산시 건축정책위원회 기획분과 위원장 등 건축자산 보존 및 활용에 관한 정책수립 및 연구 활동을 하고 있다.

전통사회의 문화와
문화 건물(건축)

세계를 강타한 코로나19 사태로 무더운 여름을 마스크와 함께 보내고 있던 필자에게 한 통의 원고청탁 메일이 도착했다. 기획 의도에 대해서는 이미 이야기를 듣고 있었던 터라 무심코 약속은 했었지만 구체적인 주제를 받고 보니 눈앞이 막막했다.

건축이 전공인 필자에게 '한국의 문화건물'은 가깝기도 하지만 낯선 단어이다. 어쩌면 문화건물이란 표현보다는 박물관, 미술관, 문화회관 등과 같은 문화시설이란 표현이 익숙하기 때문일것이다. 하지만 찬바람이 불어오면서 나의 걱정은 호기심으로 변하였다. '한국사회에서 문화란 단어가 언제부터 사용됐나?'

'문화란 이름의 건축물은 언제부터 건립되었는지?' 그리고 '시대별로 한국을 대표하는 문화 건물 시설에는 어떤

것이 있을까?'

'건축은 사람의 행위를 담는 그릇이다'란 표현은 건축의 특성을 가장 간단 명료하게 설명하고 있다. 만약에 이와 같이 '문화 건물'을 '한국의 문화를 담는 그릇이라 정의할 수 있다면, 문화 文化 / culture 에 대한 생각을 정리하며 이 글을 시작하는 것도 의미가 있으리라 기대해본다.

文化, Culture, 그리고 문화 culture [1]

건축은 역사와 인문학을 배경으로 하는 학문이라 하지만 문화에 대한 탐구를 전문가인 듯 이야기하기에는 주제 넘은 것 같아 이미 연구된 내용들을 소개하는 것으로 문화에 대한 필자의 생각을 대신하고자 한다.

'한 사회의 개인이나 인간 집단이
자연을 변화시켜온 물질적·정신적 과정의 산물[2]

---

1   文化, culture, 문화(culture)를 구분하는 이유는 각 시대별로 이들이 갖는 의미에 차이가 있다고 생각하기 때문이며, 현대건축으로 한정하지 않고 전통문화와 현대문화의 연속선상에서 문화 건물(시설)이 갖는 의미와 가치를 설명하기 위함이다.

2   한국민족문화대백과사전, http://encykorea.aks.ac.kr

　우리나라 최초로 '문화'란 용어가 시작된 연유는 신라 시대 최치원의 문집으로부터 찾는 것이 일반적이지만, '문화文化'란 단어가 구체적으로 등장하는 것은 『고려사절요』 券2975 다. '용문화속用文化俗에서' 나오는 '문文'은 도道나 학學을, 화化는 백성의 교화教化, 풍속의 교화教化에서 그 의미를 찾는다. 보다 구체적으로 문화文化란 단어가 확인되는 것은 '고려후기 원元에서 성리학이 도입하며 문명이란 단어에 유학적 의미가 결부되면서부터였다.'[3]

　조선시대에는 선왕의 업적을 칭송하기 위해 문화文化란 단어를 사용하는데 재선문화載宣文化, 찬문화讚文化, 문화대천文化大闡 등 특정의 의미를 붙였다. 『조선왕조실록』에 나타난 문화文化는 이처럼 국정 차원에서 선양되고 진흥되어야 할 가치였지만, 19세기 이후에는 서양세계와의 교류 속에서 보다 복잡한 양상을 보이게 된다.

　현재 '한국인이 사용하고 있는 문화culture는 전통사회에서 사용했던 文化문화와는 개념적으로 다소 차이가 존재한다. 특히 19세기 이후 등장하는 문화culture라는 용어에는 근대기 일본이나 중국을 거쳐 들어오기 시작한 유럽의 culture/kultur 영향이 남아 있다'는 점을 염두에 둘 필요가 있다.[4]

3　김현주, 『문화』, 한국개념사총서13, 小花, 2019. 12, 118쪽
4　김현주, 『문화』, 한국개념사총서13, 小花, 2019. 12, 12쪽

Culture / Kultur

　경작이나 재배 등을 뜻하는 라틴어cultus에서 유래하였다는 culture문화의 개념에는 자연nature이 아니라, 역사 속에서 인간에 의해 만들어진 혹은 인간에 의해 변화되거나 새롭게 창조되었다는 의미를 내포하고 있다. 따라서 인류학의 관점에서 볼 때 정치, 경제, 법과 제도, 문학과 예술, 도덕, 종교, 풍속 등 집단에 의해 공유되는 것들은 본래 문화의 의미를 가장 폭넓게 수용하고 있는 것들이라 할 수 있다.[5]

　중세를 거치면서 culture문화는 '정신문화'란 뜻을 가진 cultura animi로, 16세기 후반 영국에서는 교육과 교양을 의미했다. 18세기 후반 kultur culture는 독일을 중심으로 집단의 문제 즉 민족, 국가 인류 전반의 문제로 확대되어 인간 생활과 연관된 모든 것을 포괄하는 보편적 개념으로 자리하였다.

　테리 이글턴[6]에 의하면 19세기 영어권 국가에서 culture문화는 예술로 특수화된 것과 독특한 생활 방식에 의한 것으로 그 사회가 속한 담론의 맥락에 따라 매우 다양한 의미를 갖게 되었다고 한다.

5　한국민족문화대백과사전, http://encykorea.aks.ac.kr
6　영국의 대표적인 맑스주의 문화비평가, 맨체스트대학 영문학과 교수

문화 Culture

이처럼 복잡하고 양면적인 성격을 갖는 culture문화는 19세기 후반 중국과 일본, 그리고 한국사회에도 영향을 미치게 된다. 근대적 의미를 갖는 culture문화를 가장 먼저 수용한 것은 일본으로 일본의 지식인들은 culture문화를 중국 고전의 文化문화, 교양教養, 수양修養으로 전이시켜 근대사회사상을 위한 계몽에 이용하였다. 즉 일본인들이 근대 유럽사회의 culture문화의 번역어로 사용하였던 한자어인 文化문화가 중국과 한국의 문화culture로 재도입된 것이다.[7]

이런 점에서 본다면 文化문화, culture문화, 그리고 문화culture는 각 시대별 지역별로 다양한 가치와 의미를 생성하며 변화해 왔다. 따라서 이들의 의미가 변화한다는 것은 사회가 변화했다는 것을 의미하는 것이다. 이처럼 문화의 본질적인 기능에는 사회의 재생산을 내포하고 있다. 문화culture는 기존 삶의 양식과 상징체계를 교육함으로써 사회를 재생산하기도 하지만 한편으로는 끊임없이 균열을 일으키며 조금씩 변화되어 간다.

---

7   김현주, 『문화』, 한국개념사총서13, 小花, 2019. 12, 26쪽

문화시설

    관련 법령에 의하면 문화시설이란 '공연, 전시, 문화 보급, 문화 전수 등 문화예술 활동에 지속적으로 이용되는 시설'을 말하며,[8] 「건축법」에서는 공연장 등 문화시설의 용도별 종류를 다음과 같이 분류하고 있다. ① 제2종 근린 생활시설 : 건축물에서 해당 문화 용도로 쓰이는 바닥 면적의 합계가 500㎡ 미만인 것, ② 문화 및 집회시설 : 공연장으로서 건축물에서 해당 용도로 쓰는 바닥 면적의 합계가 500㎡ 이상인 전시장**박물관, 미술관, 과학관, 문화관, 체험관, 기념관, 산업전시장, 박람회장, 그 밖의 유사시설**.

    한편, 「국토의 계획 및 이용에 관한 법률」에 의한 문화시설은 「공연법」에 의한 공연장을 비롯하여 「박물관 및 미술관 진흥법」 「지방문화원진흥법 시행령」 「문화예술진흥법」 「문화산업진흥 기본법」 「과학관육성법」 등 각종 법률에 따른 시설을 문화시설로 분류하고 있다.

    이처럼 법률에서 문화시설이란 각각의 문화적 기능이 갖는 의미로 규정하고 있음을 알 수 있지만 이러한 관점으로 우리 전통건축에서 문화 건물**건축**을 찾기는 쉽지 않을 것 같다.

8   「문화예술진흥법」 제2조, 「도시 · 군 계획시설의 결정 · 구조 및 설치기준에 관한 규칙」 제96조

전통문화와 문화 건물

　　고조선시대 문화에서 중요한 것은 제천의식이다. 사람들이 모여 하늘에 제사를 지내고 여러 날에 걸쳐 음주가무를 즐겼다고 한다. 당시 제사에서 행한 음악, 미술, 무용 등 다양한 전통예술이야말로 그 시대를 대표하는 문화적 행위였을 것이다.

　　국가 체계가 확립된 삼국시대에는 왕권이 강화되면서 중국으로부터 불교와 도교, 유교 문화가 수입되었다. 이들은 고려시대까지 지배적 지위를 가진 문화였지만 민간 차원에서는 무속 등 토속 신앙 등이 존재했다. 종교와는 별개로 고려시대에는 목판 인쇄술과 금속 활자, 고려청자등 민족 문화의 뛰어난 유산들이 창작되었으며 중국뿐 아니라 일본 등과도 다양한 문화적 교류가 있었다. 하지만 처음부터 유교를 기본 이념으로 하는 조선시대의 경우 양반 중심의 지배사회를 확립하는 등 폐쇄적이며 배타적인 신분 사회를 유지하는 동시에 불교와 무속은 탄압을 받았다.

　　세종 시대 한글이 창제되고 다양한 학문과 기술, 제도적인 발전이 있었지만, 서학西學이라는 이름으로 17세기 청나라를 통해 서양 문화와 문물이 전해지면서 새로운 문화와 문명을 도입하려는 실학사상이 싹트기도 하였다. 한편 19세기 후반의 조선사회는 안팎으로부터 강력한 변화

요구에 직면하면서 외세의 문호 개방 요구가 거세지며 유교적 질서가 흔들리기 시작하였다.

회재 이언적 독락당의 보물
서울 나들이 전시

전통문화에 대해 주목할 전시가 지난 2019년 10월 국립중앙도서관에서 있었다. 조선시대 대학자였던 회재 이언적 선생이 거처했었던 경주 안강지역의 독락당獨樂堂과 계정溪亭이 재현되고 이곳에서 소유하고 있던 보물 서적과 유물들이 전시되었다.

전시에서 필자의 관심을 끈 것은 역시 독락당과 계정이다. 이들이 갖는 건축적 특성까지 전시장에서 재현되기는 힘들지만 이들 건물이 소중한 문화적 유산으로 소개되고 있다는 점은 매우 흥미로웠다. 독락당과 계정 건물은 조선시대를 대표하는 '문화 건물'로 전시에 소개된 것이다.

국립중앙도서관 서혜란 관장은 '전국의 개인과 문중 등 민간에 산재해 있는 수많은 고문헌이 우리 도서관과 인연을 맺어 국민들이 우리의 소중한 문화유산을 더 가까이 보고 느낄 수 있는 기회가 많아지길 기원한다'며 본 전시의 의미를 설명했다.

독락당의 보물 서울나들이 전시 포스터

　　물론 현대적 문화culture 개념으로 독락당과 계정을 문화 건물건축로 규정하기는 힘들 수 있겠지만 조선시대의 文化문화 개념에서 본다면 분명 두 건물은 대표적인 문화 건물건축이라 할 수 있을 것이다.

독락당의 보물 서울나들이 전시장

조선의 문화 건물 별서(별당)건축

조선시대의 대표적 문화 건물건축로 소개한 독락당과 계정은 엄격히 보면 별서別墅, 별당別堂 건축에 속한다. 별서건축別墅建築의 경우 본채와는 별도의 건물로 구성되어 있다면, 별당건축別堂建築은 본채와 종속되어 있지만 독립적인 성격 혹은 공간으로 구성된 건물건축이라 할 수 있다.

이들 건축물의 공통된 건축 원칙은 절제된 품격과 긴장감, 주변 자연을 건축물에 융화시키는 폭넓은 자연관이 배경에 작용하고 있다는 점이다. 성리학으로 무장한 조선의 엘리트들의 복합 문화공간으로 조성한 별서를 살림집과는 별도로 연구, 교육, 창작, 회합을 위한 활동 공간으로 삼았다. 때로는 별서건축別墅建築은 누樓, 정亭, 원園, 당堂, 헌軒, 대臺, 장莊, 정사精舍 등 여러 명칭으로 사용되었으나 모든 누와 정이 별서건물은 아니며 주거공간과 조경시설 및 산책 공간 등이 복합적으로 이루어진 문화 건물건축이었다.

이에 비해 별당건축別堂建築은 본채의 곁이나 뒤에 따로 지은 건물로 주거를 위한 생활기능보다 지역 사회와의 소통을 위한 건물로 사회적, 경제적, 문화적 기능이 강조되었다. 따라서 이들은 상시적인 주거 건물과 완전히 분리시켜 누마루와 온돌방을 곁들여 짓고 주위에는 정원과 연지 못를 만든 정취 깊은 건물이었다.

이들 별서와 별당 건물은 일부 사대부를 위한 건물로 사회와 소통하고 문학과 창작, 교육과 연구란 행위가 일어났던 전통적인 문화 건물건축이었다.

별서건축(別墅建築)과 소쇄원(瀟灑園)

별서건축別墅建築의 대표적 사례로 담양의 소쇄원瀟灑園을 들 수 있다. 소쇄원瀟灑園의 건립자는 조광조의 제자로 양산보다. 기묘사화 현장에 있었던 양산보는 당시 불과 17세에 불과했다. 그는 조광조가 유배될 때 같이 고향인 장암촌에 내려와 은둔 생활을 시작했다. 30대가 되었던 1533년부터 본격적으로 소쇄원을 조성하여 지역 명사들과 교류했다. 지역에서는 '남방인사'로 불렸던 인물이었다.

소쇄원瀟灑園은 성리학 이념을 자연에서 구현하기 위해 건립된 창조적 공간이다. 세상과 담을 쌓고 숨어 살기 위한 공간이 아니라 성리학을 토대로 정치사회 학문적 문제를 고민했던 살아 있는 건축으로 '누정문학'의 산실로 '향촌 활동의 중심'이었다.

소쇄원瀟灑園의 구성을 살펴보면 산수가 빼어난 곳에 지은 일종의 별장건축으로 주거공간과 조경공간이 함께 조성되어 있다. 이들 중 초정草亭과 대봉대待鳳臺은 풀로 지

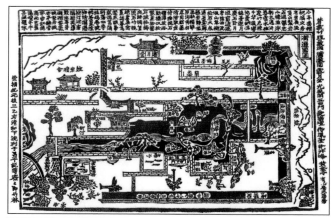

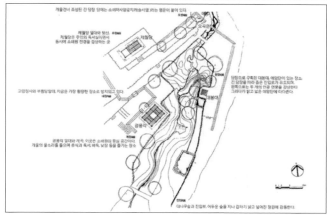

소쇄원 시설 배치도

붕을 올린 작은 정자로서 봉귀한 손님을 맞이하기 위해 지은 건물이다. 원주園主가 이곳에서 소쇄원을 방문하는 손님을 맞이했다고 한다.

소쇄원 초정

소쇄원 광풍각

소쇄원 제월당

터·0

'비 갠 뒤 하늘의 상쾌한 달'을 의미하는 제월당霽月堂 은 정면 3칸, 측면 1칸의 팔작지붕 건물로 주인이 거처하며 조용히 책을 읽는 안채 격이다. '비 온 뒤에 해가 뜨며 부는 청량한 바람'을 의미하는 광풍각光風閣의 경우 소쇄원 원 림 한복판에 있다. 글방이나 사랑방과 같은 용도인 접객의 기능을 하는 건물이다. 애양단愛陽壇, 오곡문五曲門은 무 이9곡에서, 5곡은 주자가 공부했던 무이정사가 있었던 중 심지를 빗댄 곳이기도 하다. 한편, 두 개의 장방형으로 구 성된 연못은 나무 홈 대와 바위 홈으로 계곡물을 연결하여 자연의 순리를 그대로 이용했다. 이처럼 자연인 듯 자연을 벗어난 소쇄원瀟灑園 건물건축은 조선시대를 대표하는 문 화 건물건축이라 할 수 있다.

별당건축(別堂建築), 독락당(獨樂堂)과 계정(溪亭)

"벗마저 떠났으니 눌과 함께 읊으리오.
외새와 시냇고기 내 얼굴 반겨하네.
이 중에 기절(奇絶)한 곳 어디서 찾을 건가.
두견새 울어대고 밝은 달 솟아오네."

별당건축別堂建築을 대표하는 것으로는 경주 안강지 역의 독락당獨樂堂과 계정溪亭이 있다. 독락당獨樂堂은 회

재 이언적 선생이 관직에서 물러나 낙향하여 조선 중종 11
년1516년에 건립한 정면 4칸, 측면 2칸 규모의 사랑채 건
물로 3대 회재 이언적, 잠계공 이전인, 구암공 이준에 걸쳐 완성
되었다. 폐쇄적인 안채와는 격리되어 외부와 가까운 위치
에서 접객이나 교류, 서재의 성격으로 동족부락의 의식 집
행이나 공동 대화의 장소로 제공하기도 했다.

"숲속에 우는 새는 듣기에도 즐겁구나.
시냇가 경치 따라 집 한 채 이룩했네.
밝은 달 벗 삼아 술잔을 기울이니.
흰 구름아 한데 놀자 흩어지지 말아다오."

한편 자계천을 배경으로 세워진 정자인 계정溪亭은
절벽 위에 세워진 건물로 ㄱ자 평면으로 대청 2칸, 온돌방
2칸인지헌, 양진암, 창고방 1칸으로 구성되어 있다. 독락당
의 정면은 의례적이고 은폐적인 모습이나 측면은 계곡 자
연을 향해 개방적이다. 하지만 계정의 정면은 담장 사이에
뚫려있는 살창 등 동쪽 자연을 향해서는 열려있지만 남쪽
으로 닫힌 대비적 구성을 갖고 있다. 이들 독락당과 계정
은 각각 교육과 연구, 그리고 사회적 교류를 비롯하여 자계
천의 자연과 함께 문학적 창작이 이루어지던 대표적인 문
화 건물건축이다.

독락당 전경
독락당
계정

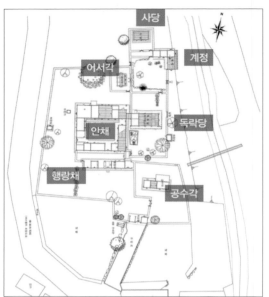

독락당(獨樂堂) 시설 배치도

이처럼 조선시대의 문화 건물**건축**들은 자연인 듯 자연을 벗어나 절제된 품격과 긴장감, 주변 자연을 융화시키는 폭넓은 자연 철학이 녹아있다. 코로나19로 지친 우리들의 몸과 마음을 조선시대의 별서**별당** 건축과 함께 문화를 감상해보는 것으로 치유하는 것도 좋은 방법인 듯 하다.

참고문헌

한국민족문화대백과사전, http://encykorea.aks.ac.kr

『문화이론사전』 에드거, 세즈윅 엮음, 박명진 외 옮김, 한나래, 2003

『문화』, 「한국개념사총서13」 김현주, 小花, 2019

『대중문화의 이해』 김창남, 한울, 2010

『문화의 이해』 전경수, 일지사, 1994

「문화예술진흥법」 제2조, 「도시·군계획시설의 결정·구조 및 설치기준에 관한 규칙」 제96조

『회재 이언적 독락당 보물 서울나들이-도록』 박경숙, 국립중앙도서관, 2019.10

「독락당과 계정의 원형과 변화과정 연구」 김도경,

한국건축역사학회, 역사연구 vol23. No5, 2014

「독락당 일곽의 조영과 공간구조에 관한 고찰」 김석수, 최효승

대한건축학회, 대한건축학회논문집 계획계 19권 11호, 2003

조봉권

1995년 국제신문에 입사하여 문화전문기자, 문화부장, 편집부국장
겸 인문연구소장을 거쳐 현재 선임기자로 있다. 14년 이상 문화·예
술 부문을 취재하였다. 부산대 예술문화와영상매체협동과정 미학
석사과정을 수료했다.

삼국유사, 길을 찾아서

일연 스님과 함께 '우리'와 '미래'를 탐색한 삼국유사 여정

　내가 참 좋아하는 '정수사구빙녀 正秀師救氷女' 이야기를 먼저 떠올려본다. '빙녀 氷女'란 '얼음 여자'로 풀게 되는데, 대체 어떤 사연이 있는 걸까? 작가 박경리 선생이 저서 『일본산고』에서 소개한 『삼국유사』1289년 의 '정수사구빙녀' 이야기는 이렇다.

　'눈이 쌓이고 날은 저물고 정수 正守가 삼랑사 三郎寺에서 돌아오는 길, 천엄사 天嚴寺 문밖을 지나는데 한 여자 거지가 애를 낳고 누워 있었다. 그냥 두게 되면 얼어 죽기 십상이라, 정수 正秀는 따뜻한 체온으로 여인을 안아주니 얼마 뒤 깨어났다. 정수 正秀는 옷을 벗어 덮어주고 알몸으로 뛰어서 본사 本寺에 들어와서 볏짚으로 몸을 덮고

밤을 지냈다.

중 정수正秀가 발가벗고, 본사本寺까지 달려가는 모습이 떠올라 빙녀의 비극보다 오히려 희극적 요소로 돋보이게 하는 글이었다.

한국에 사는 우리에게 친숙한 풍경이 있다.

"꿉는 김에 몇 장 더 꿉었소. 맛이나 보이소!" 하면서 이웃에 '정구지찌짐'을 돌리는데, 양이 많다. 너무 적으면 섭섭하니까.

"늙은것한테 무신 봉변을 당해도 좋소. 나 나설라요. 사람이 죽었는데."**박경리 『토지』 제11권 14장 마당쇠댁네의 대사 중** 생명은 대등하게 소중하고, 개똥밭에 굴러도 이승이 나으며, 억울한 죽음은 한이나마 풀어야 한다고 마당쇠댁네는 우리를 대신해 말한다.

"모 아니면 도라는 관념이 한국인에게는 있다. 일본에 오래 살면서 일본 사회를 관찰하다 보니 그걸 더 잘 느꼈다. 일본 사회에서는 잘 접하기 힘든 특성이다."**염종순 저서 『일본 관찰 30년』 중** 도 개 걸 윷 모 단계가 중요함을 모르는 게 아니다. 하지만 도에서 모로 바로 가는 길도 찾을 수 있다.

이른바 '문화적 DNA'라는 게 있다고 믿으시는지? 그것을 무엇이라 이름하든, 나는 그런 게 있다고 본다. 한국

음식 문화는 앞으로 세계에 통할 것 같다. "굽는 김에 몇 장 더 굽는" 큰손과 넉넉함을 좋은 것으로 치고, 돌려 먹고 나눠 먹는 것에 별 스스럼이 없으며, 반복보다 변주variation와 융합자꾸 비비고 섞어본다을 좋아하는 심성이 있으니 세계에 통하는 보편성을 갖게 될 공산이 크다.

생명은 대등하게 소중하고 맺힌 건 풀어야 한다는 대중의 심성도 있다. 한도 풀고 맺힌 것도 풀고 억울함도 풀고 쌓인 것도 풀고 꼬인 것도 풀고 속도 풀고 객고도 풀고 실타래도 술술 풀어야 한다. 그 푸는 과정에서 생기는 게 신명이다. 그래서 신명풀이라는 멋진 한국말이 생겼다. 이런 특성은 민주주의 그리고 참여와 잘 어울린다. 대신 모두가 대등하며 나도 주인이라는 심성이 강하다 보니, 시끄럽다.

『일본 관찰 30년』을 쓴 염종순 박사의 주장에 따르면, 한국에는 흔한 '도 아니면 모' 멘털리티는 디지털과 친연성이 높다. 도 아니며 모가 곧 디지털의 핵심인 '0 또는 1'과 통하기 때문이란다. 일본이 신칸센 자동개찰구 기계를 엄청난 속도와 놀라운 처리용량을 갖추도록 '고도화' 도-개-걸-윷-모하는 동안 한국은 디지털 환경을 바탕으로 KTX 자동개찰구 기계를 아예 통째로 없애버리는 식도 아니면 모으로 대응한 것도 비슷한 맥락이라고 염 박사는 말한다.

정수사구빙녀는 왜 삼국유사 속에?

다시 『삼국유사』의 '정수사구빙녀'로 가보자. 나는 왠지 앞에서 제시한 한국인·한민족의 심성 또는 문화 DNA가 '정수사구빙녀'에 녹아 있는 것 같다. 심지어 '한녀寒女'나 '동녀凍女'가 아니라 '빙녀氷女'라고 한 데서 문학성이 서늘하게 느껴지고 스님 정수가 이가 딱딱 부딪힐 듯한 추위 속에서 벌거벗고 콩콩대며 절까지 뛰는 모습에서 해학까지 찰랑인다.

가장 궁금한 건 『삼국유사』를 쓴 일연 스님이 대체 왜 어떻게 이 평범해 보이는 이야기를 듣고 『삼국유사』라는 어마어마한 책에 넣었을까 하는 점이다.

『삼국유사』의 현장을 찾아 경주를 구석구석 다녀본 '삼국유사 기행'은 그러니까 산천 유람에 뜻을 둔 건 아니었고, 일종의 필드워크현장연구를 시도해본 것이다. 기행은 2020년 8월 21일과 9월 25일 각각 다녀왔다. 고전학자 정천구 박사, ㈜상지엔지니어링 건축사사무소의 인문학 사업을 총괄하는 고영란 이사, 필자 3명이 팀을 이뤘다.

여정은 이렇다. 8월 21일 경주시 월성동 월정교, 재매정~김인문 묘보물 제70호 경주 서악동 귀부, 무열왕릉~배반동 능지탑지와 중생사보물 제665호 경주 낭산 마애보살삼존좌상~감은사지, 문무대왕릉, 이견대.

원성왕릉 괘릉 서역무인상

9월 25일 충효동 김유신묘신라 태대각간 순충장열 흥무대왕 김유신 신도비~외동읍 괘릉리 원성왕릉일명 괘릉와 삼층석탑~외동읍 말방리 숭복사지~외동읍 모화리 봉서산 원원사지 동서 삼층석탑보물 제1429호.

답사팀을 이끈 고전학자 정천구 박사를 소개한다. 정 박사는 부산대 국문학과를 나와 서울대 대학원 국문학과에서 석사와 박사 학위를 받았다. 스승은 대학자 조동일 선생이다. 석사와 박사 학위 논문 모두 『삼국유사』를 연구한 성과물이다.

학자는 일정하게 무르익을 때까지 '입력'이 매우 중요하므로 두문불출 입력의 세월을 보내다 『베트남 선사들의 이야기』 『모래와 돌』 『차의 책』 『원형석서』 『명심보감』을 번역해 세상에 출력했다. 사서의 번역·주석서인 『논어, 그 일상의 정치』 『맹자, 시대를 찌르다』 『대학, 정치를 배우다』 『중용, 어울림의 길』을 펴냈고 '도덕경' 해설을 일간지에 오래 연재했다. 저서 『맹자독설』을 통해 맹자를 현대로 불러와 오늘 여기 이 사회를 비평했다.

그렇게 '우물'을 넓게 판 뒤 이를 바탕으로 『삼국유사』로 돌아왔다. 앞선 작업은 『삼국유사』의 뜻과 가치를 총체적으로 파악해 세상에 전하기 위한 준비였다는 의미 또한 갖는다.

원원사지 석탑에 놀라고

'경주 삼국유사 기행'에서 가장 인상 깊었던 곳은 외동읍 모화리 봉서산의 원원사지 동서 삼층석탑이다. 2년 3개월 동안 여행과 등산 담당 기자로 일했고, 문학 담당 기자로서 문학기행을 80번쯤 다녔지만, 그런 광경은 처음 보았다.

골짜기를 따라 봉서산을 조금 올라가자 원원사遠願寺 터 사적 제46호가 나왔고, 절 마당을 돌아 고색이 창연한 돌 계단을 올라 솔숲에 들어서니, 석탑 두 기가 서 있다. 동탑 과 서탑이다. 설명문에는 "원원사지를 지키고 있는 이 쌍탑 은 부분적으로 파손된 곳이 유난히 많은 편이다. 이 탑들은 금당 앞에 무너져 있던 것을 1931년 가을에 경주고적보존 회가 복원한 것이다.…"고 써놓았다. 높이 7미터. 솔숲 소 나무는 키가 크고 고즈넉하고 아름답고 오래됐다. 탑 사이 에는 봉분 하나가 부드럽게 솟아 있다.

솔숲 안에 이토록 담백하고 우아한 불탑이 세월의 더 께를 인 채 곳곳이 깨진 채 서 있는 모습 앞에서 한동안 아 무 말도 나오지 않았다.

"원원사지는 통일신라시대 밀교 전통이 깃든 곳"이라 고 정천구 박사는 말했다. 밀교라…. 주문을 외우면서 바 라는 바를 간절히 진지하게 비는 그 불교? 『삼국유사』에 는 원원사가 "…동남쪽 20여 리 되는 곳에 원원사가 있는 데 세상에 전하기로는 안혜 등 4대덕안혜·낭융·광학·대연 스 님과 김유신 김의원 김술종 등이 함께 소원을 빌려고 지은 것이다"고 나온다.

여기 언급된 스님은 신인종神印宗에 속했고, 신인종 은 밀교 종파였다고 한다. 저 유명한 김유신 장군과 김의원 김술종은 모두 국가 대사를 맡았는데, 이들이 모여 원원사

터오

를 지었다는 건 이 절이 호국 사찰이자 간절하게 나라와 공동체의 안위를 기원했던 곳임을 알게 한다. 상상해보건대 민간에서는 '기도빨'이 아주 좋은 곳으로 여기지 않았을까?

여기서 '삼국유사 기행'이 주는 재미와 의미의 기초단계를 설명할 수 있다. '거기 가면, 그 유적과 장소가 실제로 있다'는 점이다. 생각해보면, 이건 놀랍도록 소중한 역사·문화 자산이다. 고려 시대에 살았던 일연 스님이 집성하고 엮은 『삼국유사』는 1289년에 나왔는데, 그 내용은 삼국시대와 통일신라 때 것이다. 1000~2000년 된 이야기이다.

『삼국유사』는 정사를 담은 사료도 인용하고, 당시 민중에게서 들은 역사와 관련한 이야기도 실었다. 이 두 요소를 절묘하게 활용해 역사의 '진실'을 향해 접근한다. 이때 민중의 이야기는 민중의 기억이다. 민중은 어떤 일을 기억하고, 어떤 일을 버렸을까? 왜 그렇게 했을까? 바로 거기 『삼국유사』가 품은 한민족·한국인의 문화 DNA와 심성·가치관·세계관의 비밀 코드가 있다. 그걸 제대로 알면, 우리는 미래로 나아갈 지도와 엔진을 갖게 된다.

8월 21일 답사한 곳 가운데 김인문 묘가 있다. 김인문은 태종무열왕 김춘추의 아들이며 문무왕의 동생이다. 대를 이어 신라의 통일전쟁을 수행한 걸출하고 파란만장했던 왕들이다. 김인문 묘 앞에서 정천구 박사에게 설명을 청했다. "백제와 고구려를 무너뜨린 뒤 신라와 당나라 사이에

김유신 묘
김인문 묘

전쟁이 벌어집니다. 당나라가 이 땅을 노리고 야욕을 부렸기 때문이죠. 이 난국을 외교적으로 타개할 사람이 꼭 필요했는데, 그 일을 김인문이 맡습니다."

김인문은 당나라 조정에 인질 아닌 인질로 있으면서 신라를 위한 외교관으로 일생을 마쳤다. "바다를 일곱 번 건너갔고, 날짜로 계산하면 무려 22년 동안 당나라에 머물렀죠."정천구 김부식의 『삼국사기』에는 김인문이 당나라 수도에서 병으로 죽었다고 나온다. 그런데 『삼국유사』에는 김인문이 돌아오다가 바다 위에서 죽었다고 돼 있다.

"『삼국사기』 기록이 사실일 가능성이 높죠. 그러나 민중은 외교 영웅 김인문이 당나라 수도에서 병사했다는 건 납득하기 힘들었을 겁니다. 민중은 이야기 속에서 외교 영웅 김인문은 돌아오는 배 위에서, 바다 위에서 일생을 마감한 것으로 한 겁니다. 말하자면, 국민장 國民葬 같은 민중장 民衆葬을 치러준 셈이죠." 정 박사의 해석이다. '역사적 진실'에는 여러 층위가 있을 수 있음을 깊이 거듭 생각하지 않을 수 없었다.

감은사지와 문무대왕릉 대왕암, 이견대에서 들은 '만파식적' 이야기에 나온 민중의 마음은 더더욱 생기 있고 흥미로웠다. '경주 삼국유사 기행'은 이렇듯 역사와 우리에 관해 두고두고 생각할 거리를 길에서 쓸어 담는 여정의 연속이었다. 주위 사람에게 함께 가보자고 권하고 싶은 마음이 달아올랐다.

'우리'를 들여다보게 해준 여정

'정수사구빙녀'에서 정수 스님의 행동을 놓고 생명을 존중하는 따뜻한 마음을 강조한다면, 어떤 나라 어떤 민족 어떤 공동체라고 생명을 존중하고 따뜻한 마음을 칭송하지 않겠느냐고 할 것이다. 맞는 말이다. 그러나 여기서는 한 발짝만 더 들어가 보고자 한다.

『삼국유사』라는 방대한 저술 속에 '정수사구빙녀'가 당당히 담긴 것은 고려 민중이 '여자를 끌어안고, 벌거벗고 달린', 겉으로 봐선 계율을 어겼거나 기행을 일삼은 스님 이야기 속에 담긴 진실을 소중히 여기고 오래 간직했다는 뜻이다. 일연 스님은 그런 점을 종합해 판단하고 실었을 것이다.

이런 경우, '비교'라는 방법을 써볼 수 있다. 한국 중국 일본을 비교해보면 저마다 특징과 개성을 좀 더 구체적으로 알 수 있는 것과 비슷한 원리다.

한국과 일본의 문화 특성을 비교할 때, 단골로 제시되

감산사지석탑

는 사례가 '춘향전'과 '주신구라'다. 나는 여기서 어느 쪽이 낫다, 어느 쪽이 못하다, 좋다, 싫다 등의 판단을 할 생각은 전혀 없다. 그저 우리 모습을 조금이나마 더 알기 위한 방법으로 쓰고 싶을 뿐이다.

구구절절한 디테일이 있지만, 큰 줄기만 짚어보자면 '춘향전'에는 욕설이나 말씨름도 엄청나게 나오고 티격태격 다툼도 많지만 죽는 사람은 없다. '주신구라'는 비장하며 진지한데, 주군을 위한 복수를 완수한 아코번 무인 46인은 일제히 자결한다. 두 고전은 한국과 일본에서 무수히 영화와 드라마와 책과 콘텐츠로 거듭난다.

작가 박경리는 '일본산고'에서 '정수사구빙녀'와 대응되는 사례로 일본 작가 아쿠타가와 류노스케의 단편소설 '라쇼몽'의 한 장면 그리고 미나모토 요시쓰네와 괴승 벤케

원원사에서 만난 보살 할머니, 고려 민중이 이랬을 것

이와 관련한 이야기를 듣는다. 벤케이와 요시쓰네 이야기를 인용하면 이렇다.

　"예를 하나 들어보겠습니다. 일본인들 마음속에 연인과 같이 사모의 대상이며 낭만적 존재로 남아 있는 인물 중의 한 사람이 미나모토 요시쓰네源義經인데 박명의 영웅으로 많이 전설화되어 있어요. 그가 우시와카마루牛若丸로 불리었던 소년 시절 죽은 아버지를 위하여 원願을 세우는데 숫자는 기억나지 않지만 몇백 명을 죽이겠다는 원이었습니다. 밤에 다릿가에 나가서 지나가는 사람을 죽이는데 멋모르고 오가던 시골 사람도 있고 하여간 무작정 사람을 죽이는데 원을 세운 수의 마지막 나타난 것이 벤케이辯慶라는 괴승이었습니다. 그자가 또 중이면서 사람 죽이기를 밥 먹듯 하는데 결국 어떻게 어떻게 되어 벤케이는 요시쓰네의 수하가 되고 평생 요시쓰네를 수호하게 됩니다."

　거듭, '어떤 쪽이 낫다, 좋다'는 취지가 아님을 밝힌다. 하지만 한 가지는 말할 수 있겠다. 한국이라면, 만약 벤케이 이야기가 실제사건이었다 해도 민중이 이를 애써 기억하거나 일연 스님한테 말해 『삼국유사』에 쓰게 하지는 않았을 것 같다. 그런 이야기는 이쪽 정서나 심성에 좀 맞지 않기 때문이다.

인문학 바람의 풍향을 바꿔 볼 시기

이제 '경주 삼국유사 기행'의 목적을 제시하며 글을 끝맺고자 한다.

한국과 부산에 인문학 운동 또는 인문학 바람이 분 지 꽤 됐다. 돌이켜 보면 서양 고전과 예술, 동양 고전주로 중국이 중심을 이뤘다. 그 사이 한국도 세계도 많이 변했다. 우여곡절과 후퇴, 혼란을 겪으면서도 한국은 꾸준히 성장했다. 이른바 '촛불혁명'은 그 변화의 고갱이를 인상 깊게 보여줬다. 1000년 전에도 민중의 나라를 만들려 했던 우리는 지금도 민중의 나라를 지향한다. 민중의 나라는 시끄럽다. 혼란스럽기도 하다. 각자 '주인'이라고 생각하는 나라가 시끄럽지 않을 리 없다.

그러나 21세기를 유심히 살피고 앞을 내다보면 정신이 얽매이지 않고 스스로 주인이라고 생각하는 사람이 많은 나라는 유리하다. 창의성 공공성 적극성 정의 공감 같은 가치를 살리기에 좋은 환경이 형성되기 때문이다.

그래서 인문학도 이제 '우리'를 더 깊이 들여다보는 쪽으로 방향을 전환하기 바란다. 새로운 방향의 인문학 바람이 필요하다. 『삼국유사』는 그런 변화의 첫머리에 있다. 이것이 우리가 '경주 삼국유사 기행' 필드 워크를 시도해 본 이유다.

정천구

삼국유사를 연구의 축으로 삼아 동아시아 여러 나라의 문학과 사상 등을 비교 연구하면서 대학 바깥에서 '바까데미아(바깥+아카데미아)'라는 이름으로 인문학 강의를 하고 있다. 논어, 대학, 한비자 등에 관한 다수의 책을 썼고 동아시아의 여러 책을 우리말로 옮겼다. 현재 '삼국유사와 21세기 한국학'을 국제신문에 연재 중이며 상지인 문학아카데미에서 강의하고 있다.

약력

삼국유사,
민중의 인간 선언

일연一然의 『삼국유사三國遺事』1289에는 책 전체의
서문이 없어 저술 의도를 직접 알 수는 없다. 그러나 기전
체紀傳體 역사서의 '본기本紀'에 해당하는 「기이紀異」편에
'서敍'라는 짤막한 문장이 있어 머리말 구실을 하므로 도움
이 된다. 이 '서'에서 저자 일연은 중국의 역사를 끌어와서
예부터 제왕이 나타날 때는 상서로운 조짐이 있어 여느
사람과 다름이 있다고 했다. 그 예로 고대의 제왕들인 복희
伏羲와 소호少昊, 요堯, 패공沛公 유방劉邦 등을 들었다.
그런 뒤에 "고구려·백제·신라 삼국의 시조가 모두 신이한 데
서 나왔다고 한들 무엇이 괴이하겠는가?"라고 하며 「기이」
편에 신이한 일들을 기록한 까닭을 밝혔다.

'서'의 의도는 분명하다. 동아시아에서 문명의 중심으
로 자부하며 우월감을 한껏 뽐내던 중국에서 유래된 유교
가 중시하고 과시하던 제왕들을 거론한 것은 그에 못지않

은 제왕들이 주변국을 대표하는 삼국에도 있다는 사실을 내세워서 대등하다는 점을 주장하려 한 것이다. 실제로 일연은 고조선을 건국한 단군왕검의 신이한 탄생 과정을 자세하게 서술하면서 단군은 중국의 요와 같은 때의 인물임을 분명하게 말했다. 그리고 부여와 고구려, 신라와 가락국 등의 시조들이 신이하게 태어나 건국한 일들도 자세하게 서술했다.

그런데 『삼국유사』는 중국과 삼국이 대등하다고 하는 주장을 편 데서 그치지 않는다. 민중의 이야기, 특히 한시漢詩야말로 진정한 문학이라고 인정하던 시기에 외면되어 버림받던 구전 이야기를 근거로 삼아서, 기전체 역사서를 정사正史라고 하는 유교의 정치사 및 불교의 역사를 내세운 고승전高僧傳의 종교사에 대해 반론을 제기하고 대안을 제시하는 데까지 나아갔다. 요컨대 『삼국유사』는 민중이 스스로 인간임을 자각하고 주체적인 시각으로 역사를 본 자취를 담은 고전이다.

유교의 제왕과 영웅을 비틀다

사마천司馬遷의 「사기史記」에서 시작된 기전체 형식에서 '본기'는 제왕의 사적을 연대순으로 서술한다. 『삼국유사』의「기이」편도 그런 본기에 해당한다. 게다가 '서'에서 중국과 대등한 제왕들이 있음을 내세웠으니,「기이」편에서는 제왕들이 주역으로 등장할 것이라 예상할 수 있다. 그런데 실상은 꽤 다르다.

「기이」편은 혁거세 왕부터 마지막 김부대왕까지 이어지는 신라의 역사가 큰 비중을 차지하고 있다. 시조인 혁거세 왕을 시작으로 제2대, 제3대 왕들이 이어지는데, 제4대 탈해왕과 김알지 이야기 뒤에 난데없이 <연오랑세오녀 延烏郎細烏女 >가 나온다. 연오랑과 세오녀는 동해 바닷가에서 살던 평범한 부부다. 바다에서 해조를 캐던 연오랑을 바위가 싣고서 일본으로 갔고, 그곳 사람들이 연오랑을 범상치 않은 사람이라며 왕으로 삼았다. 연오랑을 찾아 나선 세오녀도 그 바위가 싣고 갔고, 세오녀는 왕비가 되었다.

이 이야기는 두 가지를 말해준다. 첫째는 반드시 신이하게 태어나지 않아도 제왕이 될 수 있다는 것이다. 이는 신이한 탄생이 제왕의 필요충분조건이 아니라는 뜻이다. 둘째는 누구든 민중이 추대하면 제왕의 지위에 오를 수 있다는 것이다. 민중은 신분이나 출신을 보지 않고 그 자취나 행적을 보고서 추대해 왔다. 새 왕조를 열었던 제왕들이 민심을 얻을 때 그 출신은 문제가 되지 않았던 사실들을 돌아보라. 유방을 보더라도 그는 패현 출신으로 가문의 내력을 전혀 알 수 없는 시골의 말단 관리 출신이다. 그런데 왕조가 안정을 찾아가면, 제왕과 그 가문은 본디 우월했다며 민중과 차별을 두는 내력 조작을 하고 퍼뜨렸다. 연오랑세오녀는 그런 반역사적인 행태에 대한 반론이다.

　유교에서는 정치가 군주와 신하라는 두 축을 중심으로 돌아간다고 여긴다. 제왕은 타고난 신분으로 결정되지만, 신하는 능력과 덕성에 따라 발탁된다는 것이 기본적인 관점이다. 그런 신하들 가운데서 유교 이념을 잘 보여주는 인물이 영웅으로 숭앙되었다. 『삼국사기』1145에서는 김유신金庾信이 그런 영웅이었다.

　『삼국사기』에서 열전은 모두 열 권이며 69명의 전기가 실려 있다. 그런데 세 권이 김유신 한 사람의 전기다. 어떤 왕보다도 비중이 크다. 그만큼 김유신이 비범했다는 뜻이다. 김유신의 부친은 별이 자신에게 내려오는 꿈을 꾸고 모친은 금빛 갑옷을 입은 동자가 구름을 타고 집 안에 들어오는 꿈을 꾼 뒤에 낳았다는 이야기, 유신이 일찍부터 천하를 평정할 뜻을 품고 산속 석굴에 들어가 재계하고 맹세하자 신령한 노인이 나타나 칭찬하며 비법을 전해주었다는 이야기가 서두에 나온다. 타고난 영웅임을 묘사한 것이며, 그 뒤의 이야기는 모두 그런 영웅적 면모를 거듭 확인하는 내용이다. 평범함은 전혀 찾아볼 수 없다.

　『삼국유사』에도 〈김유신〉이 있다. 일연은 서두에 유신이 칠요七曜의 정기를 타고나 등에 칠성七星 무늬가 있었다고 짤막하게 언급한 뒤 열여덟 살에 화랑이 되어서 겪은 이야기를 늘어놓았다. 유신이 고구려와 백제를 치는 일로 고심하고 있을 때 화랑의 무리에 섞여 있던 백석白石이 함께 적을 정탐하자고 꾀었다. 유신은 기뻐하며 백석과 길을 떠났다. 고개에서 쉴 때 호국신들이 낭자의 모습으로 나타났고, 낭자들은 유신을 유혹해서 숲속으로 들어가서는 백석이 적국 사람이라는 사실을 은밀하게 일러주었다. 유신은 백석에게 잊은 것이 있어서 다시 돌아가야 한다고 하고 돌아와서는 백석을 포박해 문초했고, 이로써 위기를 넘겼다.

이 이야기는 김유신을 뜻은 컸으나 능력이 부족하고, 사람을 알아보는 눈이 없어 적국의 사람에게 쉽게 속으며, 갑자기 나타난 세 낭자에게도 쉽게 마음을 빼앗기는 사내로 묘사했다. 삼국통일의 주역으로서 '홍무대왕興武大王'이라는 시호까지 받은 영웅 김유신을 타고난 영웅이 아니며 평범한 사내와 별로 다를 바가 없었다고 한다. 연오랑세오녀와 견주면, 그 의미가 더욱 명확해진다. 제왕이든 영웅이든 타고난 신분으로 결정되는 것이 아니라 후천적인 노력으로 된다는 것, 신분으로 비범함과 평범함이 결정되는 것이 아니며 평범함 속에 비범함이 있고 비범함 속에 평범함이 있다는 것이다. 제왕이나 영웅도 민중과 다를 바 없는 인간일 뿐이라는 것이다. 이렇게 『삼국유사』의 이야기들은 신분에 따른 차등은 당연하다며 백성 위에 군림하는 지배층의 정치 논리를 '대등'이라는 보편적인 원리로써 비틀어버리고 있다.

불교의 불보살과 고승을 비틀다

불교에서 지존은 석가모니 부처님이다. 관음보살과 문수보살, 지장보살 등 수많은 보살도 부처에 못지않은 존귀한 존재들이다. 그런 불보살들을 가까이서 모시며 수행하고 있는 승려들도 마찬가지로 고귀한 존재들이다. 그러니 재가자들이나 속세의 사람들은 불보살과 승려들을 공경하며 보시하고 공양해야 한다는 것이 불교 교단과 승려들의 주장이며 또 널리 퍼진 통념이다.

각훈의 『해동고승전』1215은 석가모니를 본받아 수행과 교화에서 뛰어난 행적과 신이한 자취를 남긴 고승들의 전기를 서술한 책으로, 세속의 역사가들이 유교를 중시하고 불교를 제쳐둔 처사에 반발해서 내놓은 것이다. 세간에 유교에 의한 정치가 있다면, 출세간에는 불교에 의한 교화가 있다는 것이다. 그러나 유교를 의식하고 고승을 중심에 둔 탓에 정치와 똑같은 잘못을 저질렀다.

『화엄경』에서 "마음과 부처와 중생, 이 셋에는 아무런 차별이 없다"라고 했음에도 교단이 성립된 뒤의 불교사는 이 교리를 저버린 사태들의 연속이었다. 승려들과 속인들은 단지 출가를 했는지 아닌지가 다를 뿐인데도 승려들은 현명하고 성스럽지만 재가자들은 우둔하고 비속하다고 하는 존비尊卑와 우열의 차등을 형성하고 당연시해온 것이 불교사였다. 『해동고승전』은 그런 불교사를 서술하며 종교적 차등론을 뒷받침하는 구실을 했다.

그런 인식은 그릇된 것이며 불교의 근본 교리에도 어긋난다는 것을 『삼국유사』는 이야기로써 일깨워준다. 먼저 <사복불언蛇福不言 >을 보자. 제목은 "사복은 말하지 않았다"는 뜻이다. 이 이야기에는 위대한 고승이자 보살로 일컬어진 원효元曉가 등장한다. 사복은 열두 살이 되도록 말도 못하고 일어나지도 못했다. 어머니가 돌아가시자 원효를 찾아갔다. 원효가 예를 갖추어 맞이하자, 사복은 "그대와 내가 옛날에 경전을 실었던 암소가 지금 막 죽었으니, 함께 장사지내는 게 어떻겠소?"라고 말했다. 이에 원효가 함께 사복의 집에 가서는 주검 앞에서 "나지 말지니, 그 죽음이 괴롭도다! 죽지 말지니, 그 태어남이 괴롭도다!"라는 축문을 아뢰었다. 이에 사복은 "말이 번다하다!"며 꾸짖었고, 원효는 다시 "나고 죽는 일이 괴롭도다!"라고 고쳐서 말했다고 한다.

원효는 거의 모든 경전을 해석하고 주석한 불세출의 학승學僧이며, 그 스스로 깨달아서 저술한 책들도 숱하다.

그만큼 말이 많았다는 뜻이다. 민중은 그러한 원효의 업적을 사복의 입을 빌어서 "말이 번다하다!"라는 한마디로 깨끗이 정리했다. 깨달으면 그만인데, 웬 말이 그렇게 많냐는 것이다. 부처가 남긴 말들조차 모두 방편이어서 버려야 할 것들인데, 거기에 사족들을 덧붙이면서 지식과 지혜를 뽐내며 대단하다고 자부하는 승려들을 싸잡아 비판한 셈이다.

〈연회도명문수점緣會逃名文殊岾〉도 흥미로운 이야기를 전한다. 제목은 "연회가 명예를 피해서 달아나던 문수 고개"라는 뜻이다. 연회가 수행하던 곳의 연못에는 사계절 내내 시들지 않는 연꽃 몇 떨기가 있었다. 그 신이한 일을 국왕이 전해 듣고서 연회를 불러 국사國師에 임명하려 했다. 연회는 암자를 버리고 달아났다. 고개를 넘다가 밭을 가는 노인을 만났는데, 노인이 연회에게 어디로 가느냐고 물었다. 연회가 관작에 얽매이기 싫어서 피해 숨는다고 하자, 노인이 "여기서도 이름을 팔 수 있는데, 어찌 힘들게 멀리서 팔려고 하시오? 스님이야말로 이름 파는 일을 싫어하지 않는다고 하겠소이다!"라고 말했다. 연회는 그 말뜻을 모르고 오히려 업신여긴다고 여겼다. 다시 몇 리를 가서 시냇가에서 노파를 만났는데, 그 노파를 통해 앞서 만난 노인이 문수보살인 줄을 '비로소' 알았다. 오던 길로 되돌아가서 다시 노인을 만났고, 노인을 통해 노파가 변재천녀였음을 알았다.

여기에서는 국왕과 연회 모두 비판의 대상이 되고 있다. 국왕은 연회가 어떠한 승려인지도 모르면서 기이한 일로써 국사로 삼으려 했고, 연회는 노인과 노파를 알아보지도 못하는 청맹과니였다. 지위가 높다는 국왕이나 도력이 높을 것 같던 승려가 도리어 평범한 노인과 노파보다 못난 인물들이었다는 것이다. 정치와 종교의 허위를 폭로했다.

또 불보살에 대해서도 비틀고 있다. 부처와 보살들은 허공에서 음악 소리가 들리고 하늘에서 꽃비가 내리는 장엄한 광경을 연출하면서 그 존귀한 모습을 드러낸다고 하는 것이 통념이고 고정관념이다. 그런데 연회가 만난 문수보살과 변재천녀는 밭 가는 노인이고 빨래하는 노파였다. 이 노인과 노파는 부처나 보살의 화신이 아니라 세상 어디에서나 만날 수 있는 참으로 평범한 사람들이요 중생들인데, 티끌 세상에 살면서 지혜를 터득해 고승보다 뛰어나고 보살과는 대등한 존재가 되었다. 민중은 이 이야기를 통해 통념을 비꼬면서 부처와 중생에 차별이 없다는 『화엄경』의 교리까지 생생하게 들려주고 있다.

이야기를 통한 민중의 인간 선언

유교에서는 군자와 성인을 내세우고, 불교에서는 고승과 부처를 내세운다. 유교와 불교 모두 타고난 군자나 성인, 고승이나 부처는 없다고 말한다. 이는 범부가 공부를 통해 군자가 되고 성인이 된다는 것이며, 중생이 고승이 되고 부처가 된다는 것이다. 그런데 정작 유교의 정치사와 불교의 종교사는 신분의 상하上下와 지혜의 현우賢愚로 차별과 차등이 당연하다는 인식을 퍼뜨리고 강화해 왔다. 그러했으므로 인仁이나 자비慈悲를 외쳐도 공허할 따름이었다.

『삼국유사』에 〈흥덕왕앵무興德王鸚鵡〉가 있다. 흥덕왕 때 당나라에 갔다 온 이가 앵무새 한 쌍을 가지고 왔는데, 얼마 뒤 암놈이 죽었다. 혼자 남은 수놈이 슬피 울자 왕은 수놈 앞에 거울을 걸어놓게 했다. 그러자 앵무새는 제 짝인 줄 알고 거울을 쪼다가 제 그림자임을 알자 슬피 울다가 죽었다. 이에 왕이 노래를 지었다고 한다. 이 이야기는 남녀의 사랑을 내세워 유교의 인을 비판한 것이다. 인이 사람을 사랑하는 마음이라면, 남녀의 사랑처럼 자연스럽고 원초적인 사랑을 귀하게 여겨야 한다. 이런 사랑을 낮잡아 보면서 운운하는 인은 관념일 뿐이며 공허한 윤리에 지나지 않는다는 것이다.

불교의 자비 또한 마찬가지다. 『삼국유사』에는 원효가 죽은 뒤에 그 아들 설총이 아비의 유해를 부수어서 소상塑像을 만들어 분황사에 모셨다는 이야기가 나온다. 어느날, 설총이 소상 앞에서 그리워하며 슬퍼하자 갑자기 소상이 고개를 돌려 설총을 바라보았다고 한다. 원효야말로 참된 자비심을 지닌 보살이었음을 말해준다. 왜냐하면 부처의 자비심은 어버이가 자식을 애틋해 하는 마음이 자라서 더없이 크게 된 마음이기 때문이다. 그런 소박한 마음, 범부의 마음을 저버리고 자비심을 갖는다는 것은 어불성설이라는 말이다.

유교에서는 윤리와 갖가지 덕목을 내세워 군자의 정치를 실현하겠다고 외치고, 불교에서는 깨달음을 얻어 중생을 교화하겠다는 자리이타自利利他의 보살도菩薩道를 내세운다. 명분으로는 백성을 어루만진다느니 중생을 어여삐 여긴다느니 하지만, 실제로는 정치는 백성을 억압하고 착취했으며 종교는 권력과 결탁해 중생의 고통을 외면했다. 이에 민중은 정치의 위선과 종교의 독선에 일침을 가하면서 남녀의 사랑과 부모의 자애로써 모든 인간을 대등하게 볼 줄 알아야 한다는 이치를 이야기로써 일깨워주었다. 요컨대, 정치든 종교든 인간으로 돌아가 인간을 있는 그대로 보아야 한다는 것이다. 『삼국유사』는 민중이 외친 이 '인간 선언'을 담아 전하고 있다.

박형준

문학평론을 하고 있으며, 부산외국어대학교 한국어문화학부에서 학생들을 가르치고 있다. 문학과 예술, 그리고 인문학이 우리 삶의 억압적 감성 구조를 변화시키는 실천적 방법이 되기를 바라지만, 많은 이들이 문학을 잘 아는 것보다 '문학적인 삶'에 더 가까워지기를 희망한다. 저서로 『로컬리티라는 환영』 『함께 부서질 그대가 있다면』 등이 있다.

필자

장항의 마음

1

'장항'에 다녀왔다.

장항역사문화연구회와 군산대학교 지역재생연구센터의 초대로 만들어진 자리였고, 나는 "문학 작품 속에 재현된 장항의 풍경과 사람의 자리"라는 주제로 발표를 했다. 장항과의 만남은 지역에서 건축을 공부하며 '장항읍 도시재생 프로그램'의 기획과 실무를 맡은 분과의 작은 인연으로 시작되었지만, 그 무게는 결코 가볍지 않았다.

장항의 정식 행정구역명은 충청남도 서천군 '장항읍'이며, 전라북도 '군산시'와 마주하고 있다. 두 도시는 유사한 심상지리를 표상하고 있어서 '쌍둥이 도시'로 불리기도 하는데, 여러모로 중요한 역사 공간이자 문학적 무대이다. 이는 1990년대 이후 장항 지역의 장소성을 표상하고 있는 소설이 꾸준히 창작되고 있다는 데서 알 수 있다.

장항 지도

　강연을 마친 후 장항읍 주민들과 차담을 나누는 자리에서 지역의 역사적 내력과 이곳을 소재로 한 문학 작품에 관한 귀한 정보를 얻을 수 있었다. 이 짧은 여행이 계기가 돼 「한국소설에 재현된 '장항'의 장소성 연구」라는 소고小考를 집필하기도 했으나[1], 장항의 삶과 문화를 이해하는 작업은 그리 녹록지 않았다.

　왜냐하면 이는 장항에 터를 두고 살아온 이들의 역사를 되살피는 과정을 동반하기 때문이다. 굳이 서구의 현상학적 장소이론을 참조하지 않더라도, 장소에 대한 탐구는 누군가의 삶에 다가서는 사회적 의사소통 행위임을 알 수

1　박형준, 「한국소설에 재현된 '장항'의 장소성 연구」, 『한국민족문화』 75, 부산대학교 한국민족문화연구소, 2020, 89-114쪽을 참조할 것.

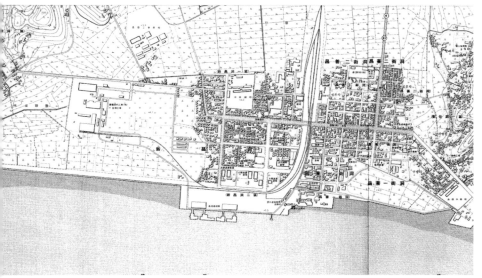

장항 지도

있다. 장소와 사람의 기억을 연구와 비평의 소재로 대상화
하지 않으면서, 구체적 생의 심연에 도달하기란 얼마나 힘
든 일인가.

　부족하고 또 부족하지만, 사람의 역사와 마음을 살피
고 기록하는 문학을 통해 그것을 사유하고 간접 체험해 볼
수 있을 뿐이다.

2.

　이른바, '장항 문학'이라고 부를 수 있는 작품은 중세
시기부터 존재하고 있다. 고려시대에 평장사를 지낸 두영

철杜英哲의 유배지 시가문학 「장암가長巖歌」가 그것이다. 장암은 기벌포 인근에 있는 돌산으로, 현재 장항제련소 굴뚝이 있는 곳으로 추정된다. 손종흠 교수에 따르면, 「장암가」의 원가原歌는 남아 있지 않으며 이제현이 「고려사高麗史」 등에 옮겨 놓은 한시가 전해지고 있다고 한다.

장암이 있는 기벌포는 백제 멸망의 비애가 스며있는 곳이다. 백제 말기의 충신 성충과 흥수가 당唐나라의 군대를 기벌포에서 막아야 한다고 진언했으나, 그 말을 듣지 않았던 백제 조정은 결국 소정방의 군대를 금강에 들어오도록 함으로써 사비성의 함락을 초래했기 때문이다.[2] 이 작품의 의미는 두 가지이다. 먼저, 백제 멸망의 역사를 통해 위정자의 무능력과 어리석음을 생각하게 한다는 것. 다음으로, 고려 두영철의 입신과 좌천 스토리를 통해 인간 욕망의 부질없음과 권력의 무상함을 상기하게 한다는 점이다. 여기에서 장항은 인간의 흥망성쇠와 대비되는 초연한 자연으로 형상화된다.

근대문학 중에서 장항 지역을 공간적 모티프로 삼고 있는 문학 작품은 거의 알려지지 않으며 본격적인 연구도 이루어진 바 없다. 그러나 장항이라는 지명과 장소성을 보여주는 작품이 전혀 없는 것은 아니다. 바로, 채만식의 장

---

2 "붙잡힌 참새야 너는 어찌하다가 그물에 걸린 어린 새가 되었느냐 원래 달린 눈은 어디에다 두고서 그물에 걸린 어리석은 황구아 되었느냐(拘拘有雀爾奚爲 觸着網羅黃口兒 眼孔元來在何許 可憐觸網雀兒癡)" 손종흠, 『고전시가 미학 강의』, 앨피, 2011, 297-299쪽.

편소설 『탁류』가 있기 때문이다. 이 작품은 전라북도 군산을 배경으로 하고 있으며, 1930년대 식민지 조선의 수탈 현실/공간을 묘사하며 경제적, 육체적, 도덕적 파멸에 이를 수밖에 없는 조선인의 비극적 운명을 핍진하게 그려내고 있다.

장항충남과 군산전북은 행정구역상으로는 구획되어 있지만, 지정학적으로 매우 근접해 있으며 생활권도 유사하다.[3] 『탁류』에 등장하는 정주사, 즉 '초봉의 아버지'가 이를 잘 보여주는 캐릭터이다. 그는 강 건너 "서천 사람"으로, 서천군청에서 서른다섯까지 13년을 군서기로 지내다 '삼십 대 중반'에 가족과 함께 군산으로 이주한 인물이다.[4] 『탁류』의 발표 시점은 1937~38년이며, 소설 속 정주사의 나이는 오십이다. 소설의 시간이 현실의 시간과 일치하지 않는다는 점을 고려하더라도, 정주사 가족이 군산으로 오게 된 시기가 12년 전삼십 대 중반, 다시 말해 1920년대 중후반이라는 사실은 충분히 짐작해볼 수 있다.

『탁류』에서 장항을 직접 묘사하거나 언급하고 있는 부분을 발견하기란 쉽지 않지만, 이 작품을 군산이 아니라 장항 지역에 초점을 두고 다시 꼼꼼하게 읽어보면 핵심 지명과 의미를 찾아볼 수 있다.

첫째, '용댕이'라는 지명에 주목할 필요가 있다. 다음

---

3 「군산·장항 묶는 행정구역 개편 시급」, 『연합뉴스(인터넷)』, 1999.12.22.
4 채만식, 『탁류』, 동아출판사, 1995, 19-20쪽.

의 구절을 함께 읽어보자.

> ① 마도로스의 정취는 없어도 항구는 분주하다. / 정주사는 이런 번잡도 잊은 듯이 강가로 다가서서 초라한 수염을 바람에 날리고 있다. / 강심으로 똑딱선이 통통거리면서 떠온다. 강 건너로 아물거리는 고향을 바라보고 섰던 정주사는 눈이 똑딱선을 따른다. / 그는 열두 해 전 용댕이[龍塘]에서 가권을 거느리고 저렇게 똑딱선으로 건너오던 일이 우연히 생각났다.
>
> 채만식, 『탁류』, 동아출판사, 1995, 21쪽

당시 서천에서 군산으로 이주했다면, 분명 장항에서 배를 타고 금강을 건넜을 것이다. 그렇다면 그곳은 어디일까? 바로, 인용한 ①에서 확인할 수 있는 "용댕이[龍塘]"이다. 용댕이는 용당, 용당포, 용당진으로도 불렸는데, 장항 지역이 '읍'으로 승격되기 이전까지는 서천군 마동면에 자리 잡은 나루터였다.[5] 1938년 1월 '읍' 승격 이후 현재의 장항읍 원수리로 행정구역이 통합되었다.

『탁류』의 정주사가 삼십 대 중반에 '용댕이'에서 군산으로 도하했다는 사실을 체크하고 나면, 당시 장항의 장소성이 어떠했는지 짐작해 볼 수 있는 단서가 마련된다. 정주

---

5 「군산~장항 뱃길, 언제 처음 열렸을까 : 금강 그 물길을 따라 100년 ①」, 『오마이뉴스』, 2018.7.10.

사 가족이 서천 지역에서 가장 중심지인 군청 소재지를 떠나 더 큰 도시 군산으로 이주한 시기까지도, 장항은 간척과 개발이 본격화되지 않은 작은 포구마을이었던 셈이다. 물론 이는 역사적 사료와도 일치하는 내용이다.

둘째, 『탁류』에는 "장항長項"이라는 지명이 한 차례 나오는데, 이는 장항 지역의 장소성 변화 양상을 보여주는 흥미로운 사례가 된다.

> ② "오냐, 우선 너이끼리 시집가고, 장가들고 해라. 해놓고 나서 서서히 보자꾸나."/ 형보는 아주 이렇게 늘어진 배포를 부리기로 했다. 그는 꼭 이 처녀래야만 한다는 것은 아니었다./ 하고 나서, 그는 시치미를 뚜욱 떼고 앉아, 들은 풍월로 강 건너 장항(長項)이 축항까지 되면 크게 발전이 될 터이고, 그러는 날이면 이쪽 군산이 망하게 된다고 태수한테 그런 이야기를 씨부렁거리고 있고……
>
> 채만식, 『탁류』, 동아출판사, 1995, 180쪽

주인공 '초봉' 정주사의 딸 의 삶을 비극적으로 구성하는 캐릭터가 있으니, 바로 '태수'와 '형보'이다. 인용문 ②에서와 같이, 두 사람은 군산에서 강 건너 장항을 바라보며 이야기를 나눈다. 태수는 돈으로 정주사를 꼬아 초봉과 결

혼하게 되는데, 그것을 못마땅하게 여기고 초봉을 자신이 차지하겠다고 결심하는 이가 또 다른 악인 惡人 형보이다. 그는 초봉과 태수의 혼인에 분노하면서도, 다시 자기에게 기회가 올 것이라며 짐짓 태연한 척을 한다. 이때 태수가 "시치미를 뚜욱 떼고 앉아"서 바라보는 곳이 "장항 長項 "이다.

장항이 "축항까지 되면 크게 발전이 될 터이고, 그러는 날이면 이쪽 군산이 망하게 된다"는 등장인물의 담화 장면에서 두 가지 사실을 추론해 볼 수 있다. 먼저, 장항 지역의 간척 사업과 장항항 長項港 건설이 시작되었으나 아직 완성되지는 않았다는 것.[6] 다음으로, 장항에 축항이 들어와 개항을 하게 되면 비약적인 도시 "발전"이 이루어지게 될 것이라는 기대와 전망이다. 실제로 1937년 장항항이 완성된 후 인구가 급증하여 장항의 행정단위는 '읍'으로 승격하게 된다.

장편소설 『탁류』는 소설이라는 프리즘을 통해 근대의 장항이 조용한 '촌락'에서 '식민지 계획도시'로 변모하고 있음을 보여주고 있다. 에드워드 렐프 Edward Relph 의 복잡한 장소현상학을 인용하지 않더라도, 도시 계획에 따른 건축 공간의 변화는 장소 정체성의 형성과 변화에 지대한 영향을 미친다는 사실을 알 수 있다.[7]

6   「장항 축항식 성대히 거행」『동아일보』, 1932.4.6.
7   Edward Relph, 김덕현·김현주·심승희 옮김, 『장소와 장소상실』, 논형, 2005, 63-65쪽.

이와 같이, 중세와 근대의 문학 작품은 장항 지역이 어떤 모습으로 재현되고 있는지 살펴볼 수 있는 훌륭한 문화적 텍스트가 된다. 특히, 『탁류』에는 1930년대 군산과 장항 지역의 관계, 그리고 장항의 장소성 변모 양상이 서술되어 있다.

장항 지역은 1930년대 신흥 산업도시이자 항구도시로 부상하던 공간이었다. 그러나 현재의 장항은 과거 군산의 위상을 위협하던 '새로운 축항'의 모습과는 사뭇 다르다. 해방 전후로 일시적 호황을 누리기도 했지만, 장항의 경제/산업은 시간이 갈수록 침체되었으며 도시 스케일 역시 마모되고 축소되었다. 『탁류』에서 '장항'의 미래가 발전적인 모습으로 재현되었던 것과 달리, 이후의 문학 작품에서 '계획도시 장항'의 성취나 부흥의 이미지는 발견되지 않는다.

특이하게도, 1990년대 이후 발표된 소설은 대부분 장항을 아름다운 자연경관이나 따뜻한 마음의 고향으로 그리고 있다. 손영목의 단편소설 「장항선에서」(『장항선에서』, 강천, 1991), 조정래의 대하소설 『아리랑』(해냄, 1994), 구인환의 단편소설 「기벌포의 전설」(『모래城의 열쇠』, 새미, 2000), 박범신의 장편소설 『소금』(한겨레출판, 2013), 솔겸의 장편소설 『장항선 급행혼약』(스칼렛, 2017) 등이 그러하다. 장항은 양적 차원에서는 쇠락하고 축소된 공간처럼 묘사되기

장항

도 하지만, 질적인 차원에서는 매우 자연적이고 정서적인 장소로 그려진다. 장항이 각박한 팽창도시 서울/중심 와 대비되는 치유의 생태도시 장항/주변 로 재창조될 수 있는 가능성이 여기에 있다.

지역에 대한 장소 정체성과 이미지는 고정된 실체가 아니라, 다양한 요인에 의해 변화되고 구성되는 심상지리이다. 장항 지역 역시 마찬가지이다. 장항의 장소성이 근대 시기의 성장 모델에 근거하여 쇠락해버린 축소도시로만 기억되는 것은 곤란하다. 팽창과 축소, 성장과 퇴보, 중

장항

심과 주변, 문명과 자연의 경계를 허물고, 현대인이 망각한 삶의 가치를 회복하는 장소로 '장항'은 얼마든지 새롭게 상상될 수 있다. 문학과 예술, 그리고 건축은, 어쩌면 인간 중심적인 성장 패러다임 속에서 우리가 잃어버린 마음, 바로 그 자연과 인간의 하모니를 회복하는 '가치의 재생'이 아니겠는가.

　　장항의 바다가, 장항의 일몰이, 그리고 장항의 굴뚝과 사람들이 우리에게 가르쳐주는 '오래된 지혜'이다.

* 이 글에 수록한 사진 자료(출처)는 '장항읍' 과 '군산대학교 지역재생연구센터' 의 도움을 받았습니다. 이 자리를 빌려 깊은 감사의 말씀을 올립니다.

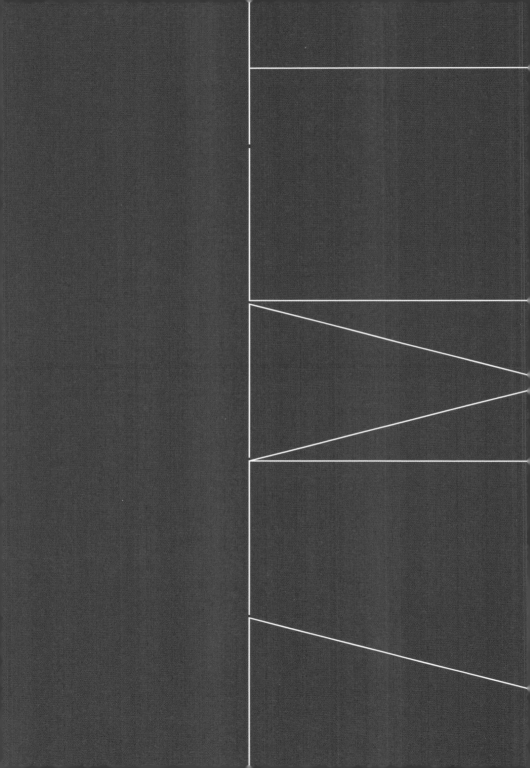

류영진

부산대학교 사회학과와 동 대학원 석사 과정을 마치고 일본 후쿠오카대학에서 경제학 박사학위를 받았다. 현재 일본 기타큐슈시립대학 지역전략연구소의 특임준교수로서 재직 중이며 주 전공분야는 문화경제학으로 일상부터 예술에 이르기까지 다양한 문화적 요소들이 경제에 어떻게 영향을 미치는가에 지속적인 관심을 가지고 연구 활동을 이어오고 있다. 일본 경제의 고전 『도비문답』을 우리말로 옮겼다.

옮긴이

일본(인)을
사유하기 위하여

마루야마 마사오(丸山眞男)가 본
일본적인 것

우리는 일본을 알고 있는가?

    일본이라는 나라는 늘 특별한 울림으로 다가오는 나라이다. 특히 위안부 및 징용공 문제, 일본과의 무역 갈등이 촉발된 이후 한국 시민들의 일본에 대한 인식은 훨씬 더 격정적인 상황이다. 그런데 우리는 일본에 대하여 이야기하는 만큼 일본을 잘 안다고 할 수 있을까? 이건 분명히 자문이 필요한 문제이다. 지피지기면 백전불패라고 하였으니 좋고 싫고를 떠나서 일단 상대를 알아야 한다.

    하지만 우리는 지금까지의 경험에 비하여 일본을 잘 알지 못한다. 비행기로 두 시간도 채 걸리지 않을 지척에 있는 나라, 한때 한국의 여행객들이 가장 많이 방문한 나라, 얼마 전까지 무역의 상위 상대국, 역사적으로 이어진 다툼과 갈등 그리고 협조. 그 경험에 비하여 오늘날을 살아가는 우리는 일본을 얼마나 알고 있는 것일까?

　또한 우리는 일본이라는 나라가 가지는 비중에 비해서도 일본을 잘 알지 못한다. 일본은 다양한 선행적 징후를 포착할 수 있는 국가이다. 한국의 다양한 제도적 시스템과 문화콘텐츠들은 일본의 것을 가져온 것이 많다. 그 분야와 폭도 넓다. 참고할 수 있는 것을 참고하는 것은 흠이 될 게 없다. 중요한 것은 일본이 먼저 실시한 만큼 그러한 제도 등의 한계나 약점이 먼저 일본 사회에서 드러난다는 것이다. 우리는 그것을 다시 참고하여 대비할 수 있다. 은둔형 외톨이, 인구감소, 고령화 등 사회적인 이슈들은 이미 일본이 선행하여 경험 중이다. 그리고 현재는 한국의 그것이 더 가속화하고 있다. 버블붕괴, 무연사회, 지방소멸, 3.11 대지진과 3.12 후쿠시마 원전 폭발의 경험 등 한국사회가 결코 무시할 수 없는 다양한 일본발 이슈들은 우리를 비춰볼 거울이 되고 있다. 이 지점에서도 우리는 일본을 알 필요가 있다.

　『요시다 쇼인 시대를 반역하다』의 작가 김세진은 다음과 같이 말한다.

> *"한국에서는 일본과 관련된 주제, 특히*
> *역사를 이야기할 때면 '반일 감정'에서 촉발된*
> *분노 때문에 논의가 흐트러지는 경우가*

대부분이다. 분노라는 감정의 돌풍은 있는 것을
있는 그대로 '보는' 노력을 소홀히 하게 만든다.
그리고 외교, 경제, 안보 등 현실의 문제에서
그 피해는 고스란히 '알지 못한 자'에게 부메랑이
되어 되돌아오게 마련이다. (…) 우리는 이제껏
보고 싶은 것만 보고, 듣고 싶은 것만 들으려 한 건
아닌지 진지하게 되돌아봐야 한다.
자신과 상대방의 역사를 객관적으로 인식할 때
이해와 배려의 여지가 생겨나고, 진정으로 소통할
수 있으며 사과, 용서, 화해 등으로 건강한 관계를
구축할 수 있다. "

김세진, 『요시다 쇼인 시대를 반역하다』, 호밀밭, 2018, 212~213쪽

에리히 프롬은 『사랑의 기술』에서 상대를 사랑하는
것의 시작은 '아는 것'에서부터 출발한다고 하였다. 사랑
까지는 아니더라도 한층 나은 서로의 미래를 위해서는 우
선 아는 것이 첫 출발이다. 한스 로슬링은 『팩트풀니스』에
서 우리가 너무도 많은 정보 발신과 해석의 오류 속에서 살
아가고 있음을 밝혔다. 오늘날 우리는 '알고리즘' 또는 '넛
지'라는 시스템에서 일상적으로 특정 정보를 편식하며 편식
당하며 살아가고 있다. 사실 세상의 어느 정보이든 정중앙
의 정보, 완전히 중립적인 정보라는 것은 존재하지 않는다.

그런데 일본이라는 이 단어만큼 우리에게 늘 치우친 정보로 다가오는 것도 없지 않나 싶다. 일본의 사회, 문화, 경제, 역사, 심리, 공간 등 많은 주제를 앞으로 '아크'를 통하여 다루게 될 기회가 있겠지만 그것들을 나름의 시각으로 포착해내기 위한 그물을 엮기 위해서는 많은 관점과 사고방식이라는 씨실과 날실들이 필요할 것이다. 이 글에서는 그 그물을 엮기 위한 실마리 하나를 소개해보고자 한다.

마루야마 마사오의 일본의 인식 패턴 분석

인류학자 루스 베네딕트는 『국화와 칼』에서 일본에 대하여 '양면성'이라는 키워드를 제시하였다. 프랑스의 철학자 알렉상드르 코제브는 일본의 다도, 이케바나꽃꽂이, 할복자살 등을 고찰하며 '의미 없는 형식주의', 즉 스노비즘snobbism이라고 불렀다. 이어령은 『축소지향의 일본인』을 통하여 생활양식 및 경제적 측면에서 '미니멀리즘'이라는 문화적 특징을 끌어내었다. 이 분석들은 외부에서 일본을 조망하며 일본인들이 만들어낸 다양한 현현顯現으로부터 일본을 살펴보고 있다.

이 글에서 지금부터 다루게 될 마루야마 마사오는 내부로부터 일본의 의식과 문화의 근원을 찾으려고 하였던 지식인이다. 마루야마는 1914년에 태어나 그 자신이 직접 전쟁을 겪은 인물이다. 징집되어 군인으로서 히로시마에서 근무하였고 원폭 투하지점에서 불과 5km 떨어진 지점에서 근무하다 피폭당했다. 이후 그는 평화 문제와 전후 민주주의에 대하여 사유하고 강연하였으며 일본 학계의 '천황'으로까지 불리게 된다. 그리고 1996년 8월 15일 일본이 패전한 그날 서거한다.

그는 전쟁 속의 일본과 전후의 일본을 모두 거치며 도대체 일본은 왜 이러한가를 고민하였다. 그는 일본인들의 기저에서 언제나 일관되게 작동하는 사고관과 무의식, 무언가를 포착하는데 사용하는 고유의 렌즈를 찾아내고자 하였다. 일본의 사회학자 오구마 에이지는 그의 저서 『민주와 애국』에서 마루야마를 주체적 의식을 가진 개인이 없고 무책임의 체계가 지배하고 있는 것이 일본의 문제이고, 주체적인 개인들이 모여 근대적 민주주의 국가를 만드는 것이 전후 국가를 재건하는 길임을 주장한 학자라 평하고 있다. 여기서는 마루야마가 분석하였던 '일본적 인식의 원형'과 '집요저음'이라는 개념을 간략하게 짚어보자.

세계적 보편사상과
일본의 세계상

　　마루야마는 1979년 게이오대학 강의에서 아래와 같은 그림들과 함께 역사를 어떻게 인식하는가를 중심으로 보편적 세계상을 제시하면서 일본의 세계상을 설명한다. 마루야마는 세계에서 보편적으로 통용되는 세계와 역사의 인식 방식에는 크게 3가지가 있다고 말한다.

　　첫 번째는 기독교적 인식이다. 그림에서처럼 횡으로 진행하는 시간 축이 있고 이에 대하여 영원불멸의 종축이 존재하여 횡축의 시간과 교차하게 된다. 그 교차점에 존재하는 이가 예수이다. 이러한 인식 속에서는 영원불멸한 것이 인간의 제한적 시간에 적극적으로 개입하고 의미를 부여한다. 순간 속에 영원이 깃드는 인식이다. 마루야마는 여기에서 어떤 지점에 도래하는 유토피아적 사상의 원형을 찾아낸다.

　　두 번째는 고대 중국적 인식이다. 고대 중국의 인식은 동심원의 형태이다. 바깥의 커다란 원은 천명 또는 천도에 맞추어 흔들림 없이 순환하고 있다. 그 안에 한 단계 작은 동심원이 성인이다. 성인은 가장 큰 동심원에 맞추어

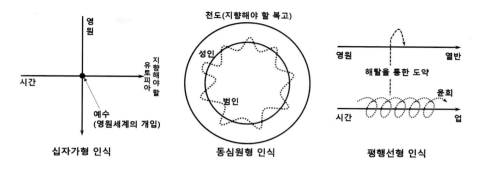

기독교적 인식(왼쪽), 고대 중국적 인식(가운데), 고대 인도적 인식(오른쪽) *

도는 것을 추구하며 이것이 천인합일의 경지이다. 그리고 그 안의 구불구불한 원은 범인들이다. 더 큰 원을 지향하고 끊임없이 그에 근접하고자 하는 것. 언제나 중심으로부터 이상화된 동심원을 향하는 확장적이고 목적적이며 복고적인 인식이다.

세 번째는 고대 인도적 인식이다. 위의 횡선이 영원이고, 아래의 횡선이 업karma의 세계이다. 두 세계는 평행으로 교차하지 않는다. 이 세계에서 영원에 도달하려면 해탈이라는 깨달음을 통하여 도약하여야 한다. 일종의 양자도약quantum jump이다. 아래의 횡선에서 나선형으로 회전하는 것은 윤회이며 인간 세상의 한계이다. 이 체계에서는 성스러운 것과 속스러운 것은 완전히 분리되어 있다. 그렇기에 마루야마는 이 인식이 가장 비역사적이지만 사변적인

* 　마루야마 마사오,『丸山眞男集第11巻』, 岩波書店,
　　 1998에 소개된 그림을 참고하여 필자가 재구성

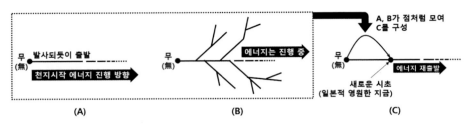

마루야마가 제시한 일본적 세계 인식 **

원리체계는 가장 발달하였다고 본다.

　이에 비하여 일본은 어떠할까? 마루야마는 위와 같은
세 가지의 그림으로 설명한다. 각 그림들은 프랙탈처럼 겹
쳐진다. 그림A는 무[無]의 점에서 출발하여 빠른 속도로
무한히 진행되는 선이다. 출발점에서 세계가 시작되어 신,
자연, 인간이 만들어지며 진행된다. 로켓처럼 점점 가속하
며 순식간에 날아가는 모습을 선으로 그렸다고 보면 된다.
그림B는 그림A에 이어진다. 생성된 여러 가지가 마치 번
식을 하듯이 다양한 것들을 만들어간다. 로켓이 떨어뜨린
다양한 씨앗에서 나무가 자라나고 동물이 태어나는 모습
을 상상해보라. 이렇게 방사형으로 뻗어나가며 세계가 확
장된다. 핵심은 그림 C이다. 쏘아진 로켓은 어느 지점에서
멈추게 될 것이다. 그러면 그 지점에서 세상은 다시 로켓을
쏘아 올린다. 그림 A의 출발점이 가지고 있던 에너지는 도
착점을 다시 출발점으로 하여 쏘아지게 된다. 그렇게 무한

**　　마루야마 마사오, 『丸山眞男集第11巻』, 岩波書店,

　　　1998에 소개된 그림을 참고하여 필자가 재구성

히 이어진다. 그림A와 B로 인하여 세상이 만들어지고 역사가 흐르고 그것이 계속 반복되는 것이 그림C라고 할 수 있다. 이 흐름은 미분하듯이 한없이 축소하여 볼 수도 있고, 적분하여 더 크게 볼 수도 있다. 중요한 것은 이것이 무엇을 말하느냐는 것이다. 첫 출발점은 무로부터의 시작이다. 그리고 도착한 지점에서 모든 것은 다시 시작된다. 다시금 무로부터의 출발, 리셋이다. 이를 미분하면 오늘도 시작이고 내일도 시작이다. 지금 현재가 시작이다. 언제나 세계는 현재 바로 지금 다시 시작된다.

　마루야마는 일본 사상사에는 강한 복고주의도 없고 유토피아도 없다고 말한다. 참고할 과거가 있는 것도 아니며 설정해야 할 먼 미래가 있지도 않음이다. 오늘에서 내일로 향하는 것이지 모레 이후의 목표는 설정되지 않는다. 끊임없이 순간순간을 향유하고 흐름을 타고 가는 '지금이 항상 천지의 시초'인 사상이다. 마루야마는 이것을 '일본적 영원한 지금'이라 부르며, 이러한 인식이 메이지유신 등 일본 역사의 큰 전환기에는 어김없이 발현되었고 외래문명을 수용하는 과정에서 가장 강력한 기폭제였다고 설명한다.

일본인들의 심연에서 작동하는 '집요저음(basso ostinato)'

　　일본은 지금 이 순간을 중시하고 거기서부터 외래사
상을 받아들이면서 맹렬히 나아간다. 그가 관심을 가진 일
본의 특질도 외래사상을 일본화하고 수정하는 계기로서 역
사 속에서 반복적으로 작용하는 일본만의 '사고 작용의 패
턴'이었다. 여기서 마루야마는 집요저음이라는 개념을 제
시한다. 집요저음은 '집요하게 지속적으로 반복'되는 '저음
부'의 음형을 가리키는 음악 용어이다. 밑줄로 강조하였듯
이 집요저음의 특징은 지속적인 반복과 깊은 심연에서의
울림이다. 음악을 들을 때 주선율main melody이 있으면 베
이스 음계에서 일정한 전개 형태를 가지고 끊임없이 반복
되고 있는 선율이 있다. 그 음만 들으면 단지 저음의 반복
이지만 그 저음 없이 주선율만 들으면 음악의 풍성함이 사
라진다. 볼레로의 라벨, 폴리아 무곡인 로드리고 마르티네
즈 등이 대표적인 집요저음 패턴의 음악들이다. 밴드를 상
상해보라. 베이스기타는 끊임없이 비슷한 코드 전개를 연
주하지만 사실 의식하고 들으려 하지 않으면 잘 들리지 않
는다. 마루야마는 드러나는 일본 문화의 모습을 하나의 연
주라고 보았다. 그리고 일본적인 원형은 베이스라고 보고
있다. 중성부, 상부의 선율들, 즉 겉으로 보이는 문화의 주

마루야마 마사오
'知の交流後20年',
마이니치신문 (2016.8.23.),
기사에 실린 사진은
동경여자대
국제심포지엄(1996.10) 때의 사진.

선율은 불교든 유교든, 메이지유신 이후의 서양문화든 대부분 외래문화이다. 하지만 일본은 외래문화의 멜로디 라인이 들어오면 그 사상과 문화에 일본의 것집요저음을 섞고 아주 집요하게 연주한다는 것이다. 상부의 주선율에서 연주되는 외래의 문화에 대하여 끊임없이 되풀이시키는 저음부가 바로 일본의 집단 무의식이자 일본의 문화 패턴이라 할 수 있다.

마루야마 마사오는 집요저음을 연주하는 그 자체를 일본 문화의 본질이라고 보았다. 이것이 무슨 말이냐면 주선율로서 가져온 외래문화, 예를 들어 유교, 불교, 서양 사상 전반을 변주시키는 것이 '일본스러움'이라는 것이다. 마루야마는 일본의 특징은 토착 세계관의 집요한 지속과 그를 위하여 반복되는 외래의 일본화에 기반을 둔한다고 본다.

그런데 문제는 이 토착 사상이라는 것이 추상적인 의미로도 이론적인 의미로도 정립된 어떤 개념이 아니라는 점이다. 마루야마 자신도 일본의 특성을 집요저음이라는 하나의 '패턴' 그 자체, 그것이 일본의 고유양식이라고 보았던 듯하다. 마루야마는 다음과 같이 말한다.

> "더구나 일본은 그러한 외래 문명을 그저 단순히 받아들이지 않고 '안'에 있는 무언가가 유입된 것을 변용시켰고, (…) 이 무언가가 바로 버릇이고 습관인데 그것은 종교나 사상의 영역뿐만이 아니라 문화 일반에 있어서 '일본적 수정주의'의 원동력이 되어 있다. 이 무엇인가를 고유의 사상으로서 순수배양하려고 하는 시도가 오래전부터 다양하게 이어져 왔지만, (…) 이것은 어떻게 하더라도 추상적 독트린이 될 수 있는 것이 아니다. 그저 이 무언가가 민족적인 등질성(等質性)의 지속이라는 것과 밀접한 관계가 있는 것은 확실하다. (…) 토착주의의 문제성은 뒤집어 보면 보편적인 것을 일본이 섭취한 특정의 외국, 또는 특정의 외국 권의 문명과 유착시켜 이해하는 '유사보편주의'이기도 하다."

마루야마 마사오,「일본의 근대화와 토착 속기요약」
『丸山眞男集第9巻』, 1968, 373-375쪽

타율

일본을 생각하며,
우리를 돌아보며.

마루야마가 보기에 일본의 문화는 외국에서 물감을 가져와서 일본의 붓질로 그린 회화였다. 기타를 들여와서 일본 전통악기인 샤미센 주법으로 연주하는 음악이었다. 회귀할 복고도 이상적인 유토피아도 설정하지 않는 일본의 현재 중심적 세계상은 그 시점에 필요한 외래문화를 가져와서 일본적으로 튜닝하는 데에 최적이었다. 그리고 이 튜닝을 담당하는 집요저음의 존재까지 그 자체가 일본이다. 그리고 마루야마는 그 집요저음을 정확히 파악하고 그것을 넘어서고자 하였던 사상가였다. 마루야마가 타계한 지 어느덧 25년 남짓이 지나고 있다. 지금의 일본을 마루야마는 뭐라고 평할까?

마루야마의 고찰은 또한 우리들의 현재도 돌아보게 만든다. 마루야마가 일본의 인식 체계에 들이대었던 해부용 메스는 우리에게도 충분히 유효하다. 과연 우리는 어떻게 세상과 역사를 인식하고 있으며 어떤 렌즈를 가지고 주변을 바라보고 있을까? 유토피아적일지, 복고적일지, 평행적일지, 아니면 현재적일지. 아니면 완전히 새로운 우리들의 인식론이 있을지...

우리에게도 어떠한 집요저음이 계속 연주되고 있지는 않을까? 세계화라는 명목하에 우리는 지금 이 순간에도 수많은 문화적 격류 위를 떠다니고 있다. 우리는 그것들을 받아들이며 어떻게 우리 속에 정착시켰고 그것은 지금 어떻게 드러나고 있는가? 한류를 비롯하여 세계로 퍼져나가는 한국 문화를 보면서 우리는 무엇이 한국적이라고 말하고, 또 세계는 한국의 무엇을 좋아한다고 할 수 있을까? 우리의 원형을 우리도 자신 있게 말하기 어렵다. 한 발 더 나아가 마루야마가 그랬던 것처럼 그 '한국적인 것' 중에 넘어서야 하는 것이 있지는 않을까?

당시 마루야마를 게이오대학 강연에 초대하였던 우치야마 히데오 교수는 "일본의 현재 중심적 세계상이 이번에는 정말로 일본을 모델 국가로 앞에 내세우는 형태의 내셔널리즘이 되어버리는 것이 아닌가?"라고 우려를 표했었다. '국뽕'이라는 단어가 통용되는 요즘. 필자에게 우치야마의 지적은 나름 섬뜩하게 들린다. 마루야마가 일본을 비춰보려고 마련한 그 거울은 일본뿐만 아니라 우리 자신도 비출 수 있다.

마지막으로 마루야마는 일본은 물론 한국의 지식계에도 큰 영향을 끼친 거대한 학자이며, 여기서 소개한 그는 그야말로 발췌된 일부임을 꼭 짚어두고 싶다. 일본의 민주주의와 정치사상에 관심이 있는 독자들에게 마루야마의 저작들을 조심스레 권해본다.

타이

일본은 다양한 선행적 징후를
포착할 수 있는 국가이다.
한국의 다양한 제도적 시스템과 문화
콘텐츠들은 일본의 것을
가져온 것이 많다.
그 분야와 폭도 넓다.
참고할 수 있는 것을
참고하는 것은 흠이 될 게 없다.
중요한 것은 일본이 먼저 실시한 만큼
그러한 제도 등의 한계나
약점이 먼저 일본 사회에서
드러난다는 것이다.
우리는 그것을 다시 참고하여
대비할 수 있다.

예동근

중국 길림성 영길현 출생으로 고려대학교 사회학 박사과정을 수료한 뒤 현재 국립부경대학교 중국학과 교수로 재직 중이다. 한국지역사회학회 회장으로 활동하고 있으며 『중국사회의 이해』를 우리말로 옮겼다.

옮긴이

노신의
'나래주의'와 인문교류

노신의 '나래주의'

2018년쯤이겠다. 중국 광저우에 있는 광동외국어무역대학의 지인과 함께 저녁 식사 자리에서 일본 제3대 노신 연구 전문가인 후지이 쇼조藤井省三를 알게 됐다. 이튿날 그의 특강에 참석했다. 20분 동안의 짧은 발표였지만, 『고향』의 작중 주인공 '윤토'로부터 시작하여 노신 연구의 동아시아적 의미까지 일목요연하게 정리한 것을 보고 나는 그가 참으로 대가라는 생각이 들었다. 금세 그의 연구 방법론과 시각에 깊이 매료되어 그의 책을 꼭 한번 탐독해야겠다고 다짐했다.

후지이 쇼조는 '노신의 동아시아, 동아시아의 노신'을 상상하게 한 선구자로 볼 수 있다. 그가 동아시아 맥락에서 진행한 노신 연구는 동아시아 인문교류에 매우 큰 의미가 있다. 노신의 잡문 「나래주의拿來主義」는 동아시아 인문교류를 활성화할 수 있는 방법으로써 중요한 관점과 주장이 담겨 있다. 그래서 한중일의 인문교류를 중시하는 『아크』 창간호에 '방법으로써의 나래주의'와 노신의 문학실천 및 그 의미를 되새겨 보고자 한다.

「나래주의拿來主義」는 노신이 임종한 1936년에 쓴 짧은 잡문이다. 중국의 교과서에 실릴 정도로 유명하고, 많이 읽혔다. 중국이 현실에 입각하여 외국의 문화를 주체적이고 비판적으로 수용해야 한다는 것이 핵심 내용이다. 본문에서 "나래주의"와 대응되는 개념으로 '송출주의' '송래주의'를 예로 들고 있다. 무지하게 지속적으로 외국에 자신의 문화를 송출하는 것도 잘못되었지만, 비판도 없이 외국이 던진送来 문화를 덥석 받아먹기만 하는 것도 잘못된 것이라는 주장이 담겨 있다.

그는 자신의 두뇌를 활용하고, 넓은 안목으로 문화를 바라보고 주체적으로 가져와야 한다고 주창하고 있다("我们要运用脑髓, 放出眼光, 自己来拿!"). 또 "가져온 것이 없으면 사람은 스스로 새로운 사람이 될 수 없으며, 문예도 스스로 새로운 문예가 될 수 없다没有拿来的, 人不能自成为新人, 没有拿来的, 文艺不能自成为新文艺"라는 문장으로 글을 마무리하면서 '나래주의'의 중요성을 한 번 더 강조하였다.

방법으로써의
'나래주의(拿來主義)'

노신은 '나래주의(拿來主義)'의
탁월한 실천자였다.

노신은 실로 용맹하고 판별력이 있는 '나래주의'자였다. 1902년 21세부터 1909년 28세까지 7년 동안 노신은 일본에서 유학 생활을 하면서 세계 문학의 흐름을 예리하게 읽어내며 책 번역 작업에 매진했다. 그는 유학 1년 차였던 1903년에 프랑스 작가인 쥘 베른의『지구에서 달까지 여행 月界旅行』이란 책을 번역했고 1908년에는『역외소설집』을 번역·출판했다. 이런 소설들의 번역은 노신이 중국 신소설의 대표이자 백화문운동의 거장이 될 수 있는 기반을 마련해주었다고 볼 수 있다. 노신은 소설에서의 '나래주의'를 통해 창조적인 모방과 새로운 혁신을 추구하였고, 문예가 스스로 신문예로 발전할 수 있도록 중요한 역할을 했다.

유학 생활을 끝내고 귀국한 노신은 여전히 번역을 게을리하지 않았다. 그는 일본 문학 대가들의 저서 또는 당시 일본에서 영향력 있는 저서들을 번역하였는데 그 수준 또한 매우 높았던 것으로 보인다. 일례로 1921년에는 아쿠타가와 류노스케 芥川龙之介, 1892~1927 의『코鼻子』,

『라쇼몬 羅生門』을 번역하여 북경조간신문에 연재했다. 1923년에 아쿠타가와가 중국을 여행하던 중 이 번역문을 보고 노신의 번역 수준을 매우 높게 평가했다는 기록이 있다. 또한 1925년에는 "일본소설의 중국번역 日本小說的中國飜譯"이란 글을 써서 다시 한번 노신을 추켜세우기도 했다.

노신의 글이 일본에 소개될 수 있었던 결정적인 계기는 그가 1919년에 무샤노코지 사네아쓰武者小路實篤의『어느 청년의 꿈 一個靑年的夢』을 번역하면서였다. 답례인지는 모르지만 1927년 10월에 무샤노코지 또한 일본에서 처음으로 노신의『고향』을 번역하여『대화해 大和諧』란 월간지에 실어주었는데, 이것이 시작점이 되어 노신의 글이 일본에 차츰 알려지게 되었다.

노신은 많은 작품을 번역했다. 중국의 노신 연구 전문가 이만균 李萬鈞의 연구에 따르면 노신은 1903년부터 번역을 시작해 평생 14개 국가, 110명 작가의 작품 244편을 번역하였다고 한다. 번역 작품의 총글자 수가 500만 자를 넘는데 이것은 거의 노신이 창작한 글과 맞먹는다.

'나래주의(拿來主義)'는
하나의 문학생태 사이클을 만들 수 있다.

후지이 쇼조藤井省三에 따르면, 노신은 단순히 중국 대륙에서만 아니라 동아시아 전반에 걸쳐 큰 영향을 끼쳤다. 노신의 사상과 전통은 1936년을 기준으로 끝난 것이 아니라 그 후에도 오에 겐자부로大江健三郎, 1935~ 와 무라카미 하루키村上春樹, 1949~ 에 계승되어 동아시아 세계로 순환되었다. 일본에서 출현한 노신 2세대들은 노벨문학상을 받은 중국의 모옌莫言 등에 영향을 주면서 부단히 생성되고 발전하게 되었다. 또한 한국에서는 유기석, 신언준, 이육사 등에 의해 노신이 소개되었다. 분단 이후에는 리영희 등 중국 연구자들에 의해 발전되면서 노신의 사상은 사라진 것이 아니라 동아시아로 확장되었다고 강조했다.

아이러니하게도 노신 사후의 문학 사상은 타국의 문화인들에 의한 나래주의 원료로 변화되었고 본의 아니게 '송출주의'가 되었다. 후지이 쇼조는 노신이 말한 '아Q정신'이 식민지 지배에 놓인 한국, 그리고 미국 치하에서 유사 식민 경험을 겪은 전후 일본, 독재 통치하에 있는 대만과 근대국가를 만들어가던 싱가포르 등 많은 국가에 영향을 끼치면서 거대한 동아시아 사이클을 형성하였다고 주장했다.

동아시아 인문교류에 주는 시사점

'시대적 연결고리'의 활용

일본에서 노신의 작품 중 첫 번째로 번역 소개된 작품은 1927년 10월에 출판된『고향』이다. 세계에서 일본이 노신의 작품을 가장 먼저 번역했던 건 아니다. 독립운동가이자 아나키스트인 유기석유수인, 1905~1980이 일본보다 두 달 앞선 시기에 노신의『광인일기』를 번역해서 발간했다. 당시 역자는 자신의 이름마저 주수인노신의 본명의 이름을 따랐을 정도로 노신에 대해 큰 존경심을 품고 있었다고 한다. 당시 국권을 상실한 한국인 유학생들 속에는 탁월한 아나키스트들이 있었는데, 그들은 중국의 대표적 아나키스트였던 파금 등과 친분을 맺으면서 노신 등 유명한 문인 학자들과 접촉하게 되었다고 한다. 이들은 활발한 교류를 통해 노신을 직접 방문하면서 그의 사상 등 다양한 방면에서 영향을 받게 되었다.

초기 중국에서 유학한 한국인 유학생들의 사상, 문학 태도, 활동들은 오늘날에도 우리가 충분히 본받을 만하다. 그들이 적극적으로 중국 주류 문인 계층과 연대하면서 새로운 길을 모색한 것은 한반도의 신문화 발전에 새로운 힘과 바람을 넣었다고 볼 수 있다.

패러다임을 바꾸다.

노신은 신소설의 개척자이기도 하고 사상적으로 큰 영향을 미친 인물이다. 하지만 신소설이 20~30년 발전한 뒤에는 그보다 글을 잘 쓰는 작가들이 많이 나타난 것도 부정할 수 없는 사실이다. 물론 동시대를 살았던 노신의 동생 주작인의 글재간도 매우 높은 평가를 받고 있다. 그럼에도 불구하고 노신의 글이 오늘날까지도 훨씬 높게 평가받는 까닭은 무엇일까? 바로 노신이 신문화운동에서 소설의 양식, 언어와 표기법 등 새로운 패러다임을 만들어냈기 때문이다.

노신은 신문화운동에서 전현동 등이 표준화시킨 문법과 표기법을 적극적으로 활용했다. 단음절 어휘로 형성된 소설에 쌍음절 어휘를 적극적으로 사용하였을 뿐만 아니라 일반 서민들이 사용하는 구두어도 적극적으로 이용하였다. 중국의 옛 문장들은 선인들이 자주 사용했던 전장典章들을 많이 이용하였는데 이에 반해 노신은 화려하더라도 불필요한 양식들은 과감히 버리고 통속적인 언어로 스토리를 풀어냈기 때문에 중국 소설의 한 획을 그을 수 있었다.

동아시아 인문과 『아크』

　　동아시아문화의 발전은 나래주의 실천의 결과물이다. 일본은 메이지유신 시대 유럽의 문화와 제도, 기술을 열심히 배우고 일본에 맞게 재창조하여 동아시아에서 강국이 되었다. 한국 또한 일본과 미국, 나아가서 유럽 국가까지 포함하여 열심히 기술, 제도, 문화를 수입하면서 한강의 기적을 만들어냈다. 중국도 개혁과 개방을 통해 열심히 나래주의를 실천하였다. 홍콩, 싱가포르, 일본, 한국, 미국 등의 경제발전 모델과 제도를 실용적으로 수용하여 급속한 발전을 이루었다고 볼 수 있다.

　　한중일 세 국가는 인문교류에서 각자의 장점과 나래주의의 노하우가 있다. 이것은 다시 '인문의 동아시아, 동아시아의 인문'을 창조하는 데 견인 역할을 할 것으로 믿는다. 그렇게 만들어낸 '동아시아 인문'은 세계 문화의 발전과 교류에 거목 같은 역할을 할 것이라 믿는다. 그 중심에 새롭게 창간한 『아크』가 있기를 간절히 바란다.

노신의 잡문
「나래주의(拿來主義)」는
동아시아 인문교류를
활성화 할 수 있는 방법으로써
중요한 관점과 주장이 담겨 있다.
그래서 한중일의 인문교류를
중시하는 『아크』 창간호에
'방법으로써의 나래주의'와
노신의 문학실천 및 그 의미를
되새겨 보고자 한다.

조재휘

영화평론가로 씨네21 필진이자 국제신문에 영화 칼럼을 연재 중이다. 영화 〈아가씨〉(2016) 메이킹 북 『아가씨 아카입』을 집필했고 전주국제영화제, 부천국제영화제 모더레이터, 부산국제영화제 대중화위원회(POP-COM) 진행위원, 영화진흥위원회 영화제 평가위원 등 영화와 관련한 여러 분야에서 활동 중이며 2020년 『시네마 리바이벌』을 펴냈다.

코로나 이후의
영화문화를 전망하며

새로운 '데카메론'의
시대에 들어서서

14세기 중엽, 유럽 전역에는 '검은 죽음', 이른바 흑사병이 들이닥쳤다. 1346년 동유럽에서 조짐을 보인 이 전염병은 1553년까지 창궐하며 당시 유럽 인구의 절반가량을 앗아가고 나서야 진정되었다. 약도, 의사의 진단도 소용없었다. 세균의 존재도 인지하지 못할 만큼 의학의 발전이 미진하던 시대에 사람들은 신앙의 힘에 의지하고자 스스로 몸에 채찍질하는 고행단에 합류하기도 했고, 거듭 불을 지펴 공기를 태우는 걸로 질병을 극복하려고 했다. 잉그마르 베르히만의 〈제7의 봉인〉 1957이 바로 이 시기를 배경으로 한 영화로 그와 같은 중세의 암울한 풍경을 부분적으로 잘 묘사하고 있다.

목욕탕처럼 사람이 모이는 장소를 금기시하고 피하게 되는 등 세태와 풍속이 급격히 변했다. 조반니 보카치오 Giovanni Boccaccio: 1313~1375 의 『데카메론』Decameron 은 바로 이와 같은 파멸의 시대에 처한 열 명의 젊은이들이 한 사람씩 돌아가면서 열흘간 나누는 100개의 이야기를 담고 있다. 그리스어로 열흘을 이르는 'deka hemerai'의 합성어이다. 보카치오는 등장인물의 입을 통해 죽음의 공포가 만연하는 엄혹한 시대상 속에서도 일말의 긍정과 유머를 잃지 않으려는 인간 정신을 생생한 필치로 펼쳐낸다. 이 책의 행간에는 시대상의 증언 이상으로 주목해야 할 점이 있다. 전염병을 피해 교외의 빌라로 자가 격리를 하는 중임에도 사람들은 '이야기'라는 형태의 '콘텐츠'를 필요로 한다는 것이다.

공교롭게도 『데카메론』의 상황은 팬데믹 사태를 맞아 물자와 인간 간의 교류가 단절된 가운데, '안방극장'에 틀어박혀 넷플릭스와 같은 스트리밍 서비스로 영화와 드라마를 비롯한 영상 매체를 소비하고자 하는 현대 관객 트렌드의 변화와도 일맥상통해 보인다. 어떠한 상황, 어떠한 형태가 되어서건 '이야기'를 원하는, '놀이하는 인간' homo ludens 의 유희에 대한 갈망은 변하지 않는 것이다. 극장의 쇠락이라는 위기를 맞고 있음에도, 영화 산업의 종말까지

터O

우려하는 비관론이 감돌고 있음에도 불구하고, 우리가 영화의 죽음과 종언을 논하는 건 섣부른 예단이지 않을까? 영화라는, 이야기와 이미지의 향연을 갈구하는 이들의 손길은 꾸준히 있을 것이기 때문이다. 영화는 사라지지 않을 것이다. 달라진다면 그건 향유의 방식을 결정짓는 시스템이다.

영화의 민주주의와 산업의 해체

집중된 자본주의는 가장 발달한 부문의 경우, 방향을 "완전히 구색을 갖춘" 시간 블록들을 판매하는 쪽으로 정한다. 그리고 블록 각각은 많은 다양한 상품들을 통합하는 단일한 통일된 상품이다. "서비스"와 여가가 팽창하는 경제에서, 이것은 "모든 것이 포함되어 있다"는 계산된 지불의 정식을 낳는다. 즉 스펙터클적 환경, 휴가의 집단적인 사이비 대체, 예약을 통한 문화적 소비 **중략** 소비성 사이비 순환적 시간은, 좁은 의미로는 이미지들의 소비 시간으로서, 그리고 넓은 의미로는 시간 소비의 이미지로서, 스펙터클의 시간이다.

기 드보르, 「스펙터클의 사회」

팬데믹 상황이 주는 근본적인 위기는 우리 일상의 공

간들, 사람이 모이는 장소에 갈수록 감염자와의 접촉 빈도가 높아진다는 데에 있다. 가능한 한 외부와의 접촉을 차단해야 감염의 위험성을 줄일 수 있다. 냉정하게 이야기하자. 영화를 굳이 극장에서 보지 않더라도 사람은 살 수 있다. 극장을 고집하는 건 병리학의 시선에선 위험의 확률을 높이는 짓에 지나지 않는다. 현재까지는 다행히 극장 환경에서의 확진자 발생이 없었지만, 불특정 다수가 한 공간에 밀집하는 상황은 언제든 코로나 확산에 최적인 조건으로 돌변할 수 있다. 이는 극장만이 아니라 영화 제작 환경에도 적용되는 이야기이다. 한재림 감독의 〈비상선언〉 2020 은 관계자가 확진자와 접촉한 사실이 확인되어 촬영이 중단되는 사태를 맞았었다.

그리고 이제 우리에겐 넷플릭스나 다운로드 서비스와 같이 극장 이외의 장소에서 영화를 볼 수 있는 다른 선택지들이 주어져 있다. 극장의 쇠락과 스트리밍 서비스의 활성화. 이러한 현실이 가져올 변화는 영화를 감상하는 환경이 안방으로 옮겨간다는 것에만 국한되는 성질의 것이 아니다. 먼저 감상하는 방식의 질적 격차가 생겨난다. 보통 안방이라는 단어로 뭉치고 있지만, 모두가 같은 환경에서 영화를 보는 것은 아니다. 어떤 이들은 홈시어터 설비를 갖추고 극장 못잖은 화질과 음향으로 영화를 즐기겠지만, 그

턴O

런 기기를 마련할 자본과 설치할 공간을 갖지 못한 대다수는 거실의 TV나 PC 모니터, 원룸에서 15인치 남짓한 노트북 화면으로 좁아터진 바늘귀에 들어간 낙타를 보는 기분으로 영화를 보아야 한다.

객석의 군중 중 하나가 되어 붐비는 고독을 안고 신작을 보던 극장과 영화제의 경험은 코로나 상황이 지속되는 지금, 어느덧 아련한 과거의 추억이 되어가고 있다. 이는 단순히 같은 영화를 익명의 군중과 함께 보는 행위가 주는 안도감, 느슨한 정서적 연대감을 잃어가고 있다는 식의 소시민적 낭만을 피력하기 위해 쓰는 표현이 아니다. 극장은 스펙터클을 제공한 대가로 이윤을 거둬들이는 자본주의 메커니즘을 표상하는 공간이기도 하지만, 다른 한편으로는 극장 환경이 같은 시간에 같은 가격으로, 푯값을 지불한 모두에게 균등한 영화 관람의 질을 보장해주는 문화적 민주주의의 공간이었음을 잊어선 안 된다. 지금 우리는 자본주의적 일상 속에서 경험할 수 있었던 몇 안 되는 민주주의적 체험의 공간이 해체되는 국면으로 접어들고 있다. 그러므로 우리는 영화의 죽음과 더불어 극장과 영화제의 종식 또한 쉬이 말해선 안 된다. 분명 코로나 이후에 극장을 찾는 관객의 수가 줄 수는 있다. 그러나 극장의 의의는 단순히 영상을 투사하는 공간에 그치는 것이 아니며, 사태가 진정

되면 언제든지 돌아올 준비가 되어있는, 도래할 군중 또한
존재하고 있을 것이기 때문이다.

코로나가 주는 사회적 긴장이 지속되면서 관객을 잃
은 극장은 문을 닫는 중이고, 영업 중인 극장도 감염 위험
을 최소화하기 위해 좌석 간 간격 유지를 하느라 유효 좌석
수가 반 토막이 난 상태이다. 산업 전반에 들어오는 자본의
흐름이 끊기거나 줄어드는 이러한 상황은 당연히 구조조정
의 가능성을 수반한다. 이 과정은 필연적으로 평화롭게 진
행될 수 없다. 극장에 고용 관계로 묶인 종사자만이 아니
다. 제작 편수가 줄면 영화제작 일선에 있는 스태프의 생계
도 위협받을 수밖에 없기 때문이다. 반면 극장 이외의 플랫
폼에서 이제까지 극장이 해왔던 역할을 대체해 자본의 선
순환을 일으키고 무너지는 산업을 떠받칠 수 있을지의 여
부는 아직 미지수이다. 극장 플랫폼을 통해 영화라는 상품
을 제공함으로써 자본을 축적하고, 축적한 자본을 다시 영
화 제작에 투여해 이윤을 확대재생산 하는 시장의 메커니
즘은 점점 붕괴하는 도중에 있다.

장래에 닥쳐올 변화의 전모를 미리 다 예측하기는 어
려운 일이다. 그러나 '위험이 있는 곳에는 (중략) 구원의 힘
도 함께 자라' 하이데거 『기술과 전향』는 것. 그동안 한국 영

화 산업은 150~200억대의 자본을 투입해 몰개성한 양산형 기획 영화를 제작하고 와이드 릴리즈로 극장과 이윤을 독식하는 식의 타성에 젖어왔으며, 그런 가운데 영화 창작과 선택의 다양성은 무시당하는 상황이 10여 년 넘게 지속되어 왔다. 코로나 상황은 블록버스터 중심의 질서가 해체되면서 기성의 틀에 안주하는 이들에겐 폭력적인 상황으로 받아들여지겠지만, 손익분기점의 부담감이 큰 대작을 지양한 대신, 편당 40~50억 규모의 중저예산에 축소된 극장과 온라인 환경으로 배급 환경을 양분화하면서 위험비용을 분산하고자 작지만 다양한 영화들을 제작할 토양이 마련될 수도 있다는 가정을 해볼 수도 있을 것이다.

〈클레오파트라〉1963가 극장 수익만으로는 손익분기점을 돌파하는 데 실패해 20세기 폭스를 부도 직전으로 몰아넣고 나서야, 50만 달러 초저예산의 '이지 라이더'1969와 같은 아메리칸 뉴웨이브의 시대가 도래했고, 곧이어 스필버그와 스콜세지, 코폴라와 같은 영화 악동 movie brat 세대의 등장을 예비했던 영화사의 한순간처럼, 근본적인 치료를 거부하고 동맥경화에 걸린 채 대작을 쏟아내길 거듭해왔던 한국 영화에도 또 다른 '코리안 뉴웨이브'의 여명이 열릴지도 모를 일이다. 코로나 종식 이후의 가능성은 열려있다. 분명한 건 그것은 이제까지와는 전혀 다를 것이라는 점이다.

우아하게 늙어가기
코로나 이후의 영화제를 모색하다

2020년 10월 21일, 부산국제영화제 개막일에 영화의 전당은 적막했다. 야외극장의 좌석 상당수는 거리 유지를 위한 포스터로 도배되었으며, 예매한 표가 없으면 매표소 앞 로비도 드나들 수 없도록 출입이 통제되었다. 발열 체크를 위한 온도계와 손 소독제가 전당에 들어서는 관객을 맞이했다. 개막식은 없었다. 평년의 영화제가 매번 레드 카펫의 스타들과 관객들로 북적였던 걸 떠올리자면 이날의 정경은 쓸쓸하고 황량했다.

부산국제영화제만이 아니라, 국내에서 개최되는 국제영화제들은 모두 코로나 발생의 여파를 맞아 행사 구성과 일정을 대폭 변경해야 했다. 전주국제영화제는 4월에서 5월로 개최를 미루고 코로나 상황의 추이를 보고자 했으나 결국 일반 대중에게 공개되지 않는 비공개 영화제로 실상 영화 관계인들만 참석하는 형식적인 행사로 치러졌다. 부천국제판타스틱영화제는 포럼, 콘퍼런스, 워크숍 등의 부대행사를 전면 취소하고 CGV 소풍 한 곳으로만 상영공간을 한정한 대신, 왓챠와 협의 하에 온라인 스트리밍 서비스로 영화제 프로그램 상당 부분을 공개했다. 서울국제여

성영화제는 개막식과 폐막식을 네이버 TV 상으로 공개하고, 메가박스 상암에서의 극장 상영을 병행했지만, 개막작을 비롯해 웨이브를 통해 온라인상에서 프로그램을 공개했다. 제천국제음악영화제 또한 청풍호반에서의 야외 행사와 일반 상영을 전면 취소하고 GV관객과의 만남 행사를 비롯한 여러 부대행사를 온라인 사전녹화로 대체했다.

상영관 내부의 풍경도 변화를 맞고 있다. 일반 극장이 그러하듯 영화제 상영관 또한 한두 좌석을 띄어 앉도록 좌석 수를 줄였다. 마이크를 전달해 관객의 질문을 받고 감독이나 배우가 그에 응답하던 종래 GV의 형태는 카카오톡 단체 채팅방을 통한 질의응답으로 바뀌었다. 마스터클래스의 경우도 게스트를 직접 초청하는 대신 Zoom을 통한 온라인상 대화나 사전 녹화된 답변 영상을 극장 스크린에 영사하는 방식이 시도되는 중이다. 이상의 변화들은 팬데믹 국면을 맞아 가급적 대면과 접촉의 빈도를 최소화해야 하는 방역 상의 조치를 영화제라는 행사의 틀과 접목하고 절충하려는 노력의 소산들이다. 방역을 우선시한다면 영화제의 전면적인 중단을 고려하는 편이 합리적일 것이다. 제각기 거주지가 다른 다수의 인구가 밀집해 야외상영장이나 극장 좌석을 가득 메우고 광장을 오가는 것이 영화제 현장의 일반적인 풍경이고 이는 **흑사병 시기 유럽의 목**

욕탕이 그러했듯 전염병 확산에 유리한 조건으로 작용한다. 그럼에도 불구하고 영화제를 하고자 하는 노력은 이어지고 있다. 영화제 문화의 취지와 큰 틀을 유지하면서, 가능한 인구의 밀집을 지양해야 하는 모순에 처해있는 곤란한 상황인 것이다.

수년간 국제영화제 평가를 다니면서 알게 된 것은 국내 영화제들이 추구하는 영화제 운영의 방향과 평가지표가 철저히 양적 증가에 치중되어 있다는 사실이었다. 더 많은 상영작 프로그램과 초청 게스트, 더 많은 관객 수와 유효 좌석 수 등 규모의 경제가 언제부터인가 영화제의 성공 여부를 판가름하는 기준점이 되었다. 그러나 코로나 발생 이후 급격히 변화하는 극장 환경, 즉 유효 좌석 수와 극장 이용객의 감소는 이러한 평가 기준이 더 이상 유효하지 않게 된 현실을 만들어가고 있다. 예산의 상당 부분을 차지하는 지자체 지원이나 기업의 후원이 줄어들면서 주요 영화제들이 구조조정이 불가피한 상황으로 내몰리고 있다. 코로나로 인해 영화 제작에 큰 제약이 가해지면서 조만간 프로그램 선정에 있어 중요한 신작 수급에도 큰 차질이 빚어질 것이다. 공전절후 空前絶後 의 위기에 처한 지금, 우리는 부산국제영화제가 25년을 지속해온 이래 형성되어 온 국내의 영화제 문화를 재점검하고 새로운 영화제의 형태를 모색해야 하는 전환점에 놓이게 되었다.

타이

한국의 국제영화제들은 상영 공간을 멀티플렉스 극장
환경에 크게 의지해왔고, 7일에서 10일가량의 제한된 기
간 내에 행사의 스펙터클을 집중시켜왔다. 그렇다면 코로
나 이후, 미래의 영화제가 추구해야 할 방향성은 명확해진
다. 영화제의 공간과 시간을 분산시키고 확대함으로써 감
염의 위험으로부터 안전한 영화제의 뉴노멀을 정착시키는
일이다. 팬데믹 상황 이전의 일이지만 부산국제영화제는
2013년, 영화제 기간 이외의 평상시에도 영화제가 주관하
는 대중 관객 프로그램인 BIFF POP-COM을 발족시킨 바
있다. 한 해의 실험에 그쳤지만, 영화제의 인지도 제고와
상설화된 공간을 통한 영상 문화의 일상화는 코로나 상황
에 처한 우리에게 영화제의 형태에 대한 일말의 단초를 준
다고 볼 수 있다. 전주국제영화제는 비공개영화제를 치른
대신 장기 상영회를 9월경까지 지속하면서 영화제 기간의
장기화를 실험했었다.

인구가 밀집되는 멀티플렉스에 대한 고집을 벗어나
면, 도리어 다변화한 영화제 공간의 가능성을 탐색할 수 있
다. 온라인 영화제는 극장이 주는 문화적 민주주의를 침해
한다는 점에서 온전한 대안이 되긴 어렵지만, 기존에 영화
제들이 문화의 사각지대에 놓여있는 지역 곳곳에서 해온
순회상영회의 기능을 강화하는 방안도 고려해볼 수 있을

것이다. 코로나 시대의 영화제는 메인 상영관인 멀티플렉스에서의 '진지전'을 벗어나 문화 복지의 손길이 미치지 못하는 지역 구석구석이나 쇠락해가는 독립, 예술영화 상영관, 아니면 바다나 산천과 같이 지역의 특색 있는 자연경관이나 랜드마크를 색다른 영화제의 공간으로 재활성화시키며 작지만, 공간의 다양화를 추구하는 '전격전'의 전략으로 전환해야 할지도 모른다. 이제 영화제들은 국제화를 내건 대규모의 스펙터클을 전시하는 방향에서 양질의 프로그램과 상영 공간의 다변화, 영상 문화의 일상화와 지역 활성화를 모토로, 다소 화려함을 걷어나더라도 실질을 추구하는 방향으로 나아가야 할 것이다.

하마 노리코浜矩子: 1952~ 도시샤대 교수는 그의 저서 『성숙일본, 경제성장은 더 이상 필요없다』에서 고도성장기와 같은 성장 일변도를 지향하며 대국大國으로 부활하자는 경제관료들의 생각을 비판하면서, 일본 사회가 가야 할 방향은 오이라쿠老樂, 즉 '안락하게 늙어감'에 있다고 한 바 있다. 한계에 부딪힌 양적 성장과 규모에 대한 강박, 수도권에 부가 집중되는 경제의 일극주의一極主義를 버리고, 지역경제와 지역공동체의 내실화에 힘을 쏟으며 '우아하고 아름답게 늙어가'야 한다는 것이 그의 주장이다. 이러한 지적은 비단 일본 사회만이 아니라 규모의 화려함과 양적 성

타인

장 일변도로 10년에서 20여 년을 달려온 한국의 국제영화제에도 시사하는 바가 크다. 팬데믹 국면이 있기 이전부터 영화제를 찾는 관객 수는 일정한 수준에 도달하고 나서는 정체된 상황이었다. 부산국제영화제의 경우, 2014년 19회 때 최다 관객 수 22만 명에서 정점을 찍고 18~20만 명 선에서 유지되어 왔으며, 설령 코로나가 진정되더라도 그 이상의 수치에 다시 도달하기는 어려울 것이다.

어쩌면 영화제들의 '좋았던 시절'은 막을 내리고 있다. 코로나는 이를 가속화시킨 데 지나지 않는 것인지도 모른다. 그러나 세기말, 책의 종말이 이야기되었음에도 끝내 책이 가쁜 숨을 내쉬며 살아있듯이, 영화와 극장, 그리고 영화제는 과거의 영광과 위상을 잃을지언정 끝내 사라지지는 않을 것이다. 남은 건 영화제들이 그동안 쌓아온 역량과 인프라를 토대로 버티어가면서 21세기에 새로 도래한 이 '데카메론'의 시대에 감당하기에 벅차게 된 몸집을 줄이고, 오래오래 관객과 함께, 영화와 함께 존속할 수 있도록 '우아하고 아름답게 늙어가는' 방향을 도모해나가는 일일 것이다. 그런 점에서 마틴 스콜세지Martin Scorsese : 1942 ~ 감독의 전언은 작고도 큰 위안으로 다가온다.

"요즘 시국에서도 영화제들이 상황에 적응해나가고

어떻게든 열고자 노력하는 거 같아 정말 감동 받고 있다. 왜냐하면, 요즘 언론이나 대중문화적인 측면에서 볼 때 영화는 가치가 하락되어 있고 변방으로 밀려난 것 같아 슬프고, 특히나 지금은 간식거리 정도로 취급받는 거 같아 안타깝기 때문이다. 그러므로 영화제를 통해 영화의 존재 자체를 축하하고 기리는 것은 매우 중요하며 또 필요하다. 왜냐하면 놀라운 예술로서 영화는 이전에도 그랬고, 앞으로도 단순한 시간 때우기 이상의 존재로 남아있을 것이기 때문이다."

공교롭게도 『데카메론』의 상황은
팬데믹 사태를 맞아
물자와 인간 간의 교류가
단절된 가운데,
'안방극장'에 틀어박혀 넷플릭스와 같은
스트리밍 서비스로
영화와 드라마를 비롯한
영상 매체를 소비하고자 하는
현대 관객 트렌드의 변화와도
일맥상통해 보인다.
어떠한 상황, 어떠한 형태가
되어서건 '이야기'를 원하는,
'놀이하는 인간'(homo ludens)의
유희에 대한 갈망은
변하지 않는 것이다.

김 재 환

경남도립미술관 학예연구사로 재직 중이다. 〈리뷰하다〉 〈한국현
대미술로 해석된 리얼리즘〉 〈대만현대미술전〉 〈폐허프로젝트〉
〈도큐멘타 경남 I - 기록을 기억하다〉 〈살어리 살어리랏다 : 최정
화〉 등 현대미술과 관련한 다수의 전시를 기획하였고, 제5회 이동
석 전시기획상을 수상했다. 최근에는 전시의 소모성에 주목해 전시
를 하지 않는 게으른 큐레이터의 길은 무엇일까를 고민하고 있다.

타오

열 장의 이야기와
다섯 편의 시를
찾아서

비엔날레 시즌이 되면 으레 찾아오는 리뷰 쓰기를 반복한 지도 어림잡아 10년은 된 것 같다. 현대미술의 꽃이라 불리며 엄청난 자본과 인력이 투입되는 비엔날레이기에 여기에 대한 글쓰기가 사뭇 진지하고 흥분된 적도 있었다. 하지만 언젠가부터 나의 글쓰기는 '비엔날레 무용론'으로 귀결되고 있었다. 관성과 관례를 파괴하고 새로운 감각과 사유를 제시하는 것이 현대미술의 역할이라 믿는 나에게 대부분의 비엔날레는 이러한 역할을 제대로 수행하지 못하는 것으로 보였기 때문이다. 부산비엔날레의 경우 예술과 사회의 관계라는 끈을 놓지 않고 그 연관성을 탐구해온 흔적이 있지만 "조만간 술 한잔하자"라는 말과 별반 다르지 않은 구호만이 울려 퍼졌던 것이 아닌가 싶기도 하다.

과거 부산비엔날레 주제를 읽어보면 답이 나온다. 2018년 〈비록 떨어져 있어도〉 2016년 〈혼혈하는 지구

다중지성의 공론장〉 2014년 〈세상 속에 거주하기〉 2012
년 〈배움의 정원〉 등등. 예술이 사회와 연관이 있으니 예
술이 사회에 대한 발언을 하거나 무언가를 공유해야 한다
는 교과서에서나 나올 법한 착한 이야기만이 반복될 뿐이
다. 뾰족한 자신만의 주장이 없다.

2020년 부산비엔날레는 한술 더 뜬다. 특별한 주제나
담론을 던지는 것이 아니라 우리 주변의 이야기를 나누는
것이라고 고백하고 있다. "2020부산비엔날레는 부산을 살
펴보고, 각기 다른 예술적 표현을 통해 도시의 스펙트럼을
확장해보고자 한다." 부산비엔날레 공식 홈페이지에 소개
된 주제 설명의 첫 문장이다. 이 얼마나 솔직 담백한가. 그
래서 "이번 비엔날레에서는 10명의 소설가와 1명의 시인
이 이야기와 시로부터 부산의 특징을 전달하고, 이에 기반
한 시각 예술가와 음악가가 작업을 선보인다."[1]가 전시 방
향이 된다. 그래서일까. 올해 부산비엔날레 하면 떠오르는
이미지는 '문필가 11명, 시각예술가 67명, 사운드아티스트
11명'이다. 그리고 이들의 이야기가 부산현대미술관, 영
도, 원도심 일대에 펼쳐졌다.

전시감독인 야콥 파브리시우Jacob Fabricius는 이를
통해 관람객이 도시와 도시의 역사, 거리나 건물의 겉모습
뒤에 숨겨진 수많은 이야기를 다시 찾아보는 탐정 놀이의
주인공이 되길 기대했던 것 같다. 이런 전략은 형식적으로

---

1   부산비엔날레 홈페이지, 전시주제, www.busanbiennale.org/kr 참조

는 성공했다. 이번 전시를 이해하기 위해 던져진 11개의 이야기조차 그것이 무엇을 말하는지 알 수 없도록 숨겨져 있기 때문이다. 이 이야기들은 오디오 북으로만 무료 공개되어 있어 일반 관람객들은 홈페이지에 접속해 대여섯 시간 이상을 소요하지 않으면 그 내용을 파악할 수가 없다. 극한 탐정 놀이다.

그래서 이번 2020부산비엔날레에 대한 리뷰는 주제비평과 그에 걸맞은 전시가 시각적으로 잘 구현되었는지를 따지는 방식의 글쓰기를 할 수가 없다. 수많은 이야기 중에 기억에 남는 것에 대한 인상비평 수준에서 만족해야 한다. 이렇게 마음을 먹고 나니 진짜 기억에 남는 게 딱 몇 작품이 있는데 신기하게도 모두 원도심과 영도에서 만난 작업들이다. 대형 전시 공간에 쉴 새 없이 펼쳐진 작업의 세계는 정보의 과잉 공급으로 나의 뇌에 전혀 남아 있지 않다.

일단 영도항의 한 폐공장에 설치된 이요나의 「En route home」 2020이 기억에 남는다. 작가는 스테인리스 파이프로 각진 난간을 만들어 원래 공장에 있던 것처럼 느껴지는 어떤 구조물을 만들어 낸다. 열린 통로를 따라 걷다 보면 내가 가고 싶은 곳에는 가지 못하고 강제화된 동선을 따라 구조물을 빠져나가게 된다. 막힌 공간도 아니고 넘을 수 없는 높이도 아닌데 이 열린 통로 외의 공간은 '침투할 수 없음'을 생각하도록 만든다. 그렇다고 이 구조물이 불편

이요나, 「En route home」 스테인리스 스틸 및 오브제, 가변크기 (2020년)

함을 주거나 폭력적인 무언가를 내뿜고 있지는 않다. 마치 현대사회의 규범이나 관념이 강제된 이데올로기가 아닌 자발적 수행 형식으로 실현되는 것처럼 말이다.

영도항의 전시를 보고 차로 10분 정도 이동해 40계단이 있는 원도심 일대에 도착했다. 일요일엔 원래 한산한 곳인데 코로나19로 인해 더욱 을씨년스러웠다. 문을 연 상점이 하나 없는 골목 한 구석 좁은 계단을 올라가다 보면 에르칸 오즈겐Erkan ÖZGEN의 「원더랜드」2016를 만나게 된다. 스스로 예술 활동가라고 칭하는 에르칸 오즈겐은 주로 전쟁, 폭력 그로 인한 트라우마의 문제를 개별 인간을 통해 풀어내고 있다. 「원더랜드」역시 이 범주 아래에 있는데, 2014년 터키 국경 시리아의 한 마을 코바지Kobani에서 발생한 ISIS의 무차별 살해의 목격담을 담고 있다. 영상에 등장하는 소년 무함마드는 말을 할 수는 없지만 얼굴 표정과 소리, 몸짓을 통해 당시 처절했던 상황을 생생하게 전달한다. 규범화된 언어가 없음에도 불구하고 손을 뒤로 묶인 채 총살당하는 사람들, 앉은 자세로 참수당하는 사람들의 비극이 생생하게 떠올랐다. 바로 위 3층에서는 장민승 작가의 〈보이스리스 - 검은 나무여, 마른 들판〉2014이 상영되고 있었다. 과거 여러 곳의 전시장에서 만난 적 있는 작품이었지만, 이곳에서 보니 전혀 새롭게 느껴졌다. 역시 현대미술은 공간과의 관계에 따라 작품의 시각적 효과가

에르칸 오즈겐, 〈원더랜드〉 단채널비디오, 3분 54초 (2016년)

달라진다. 〈보이스리스〉는 세월호 참사의 비극을 배우
의 수화 및 몸짓 등으로 표현한 일종의 헌화 형식의 작품이
다. 충분히 인상적이었지만, 정제되고 문법화된 배우의 몸
짓보다는 무함마드의 날것으로서의 몸짓이 더 강렬한 느낌
으로 지금도 기억에 남는다.

　또따또가 전시공간에서 만난 아지즈 하자라 Aziz
HAZARA의 〈하늘 위의 눈〉2020 역시 생각이 많아지게
하는 영상작업이다. 요즘은 꽤 흔해진 하늘의 시선, 즉 드
론에 의한 수직 낙하 시선으로 아프가니스탄에서 살아가
는 사람들의 일상을 쫓는 작업이다. 권력투쟁의 희생양으

로 살아가는 주민들이지만 전쟁의 참화 속에서도 일상은 그렇게 그렇게 계속되는 역설적인 상황이 관조적으로 스케치된다. 폭격으로 파괴된 탱크 주위를 어슬렁거리고 누워 있는 아이들의 모습은 전쟁이 일상인 사람들의 삶을 고스란히 보여준다. 사실 이러한 하늘의 시선은 절대적인 관조의 시선이기에 시선 자체가 폭력적인데 흥미롭게도 탱크 주변으로 아이들이 누워 하늘의 시선을 바라보는 장면이 있다. 작가는 아마도 거대한 폭력에 노출되어 고통 속에 사는 사람들조차도 어느 순간 자신의 의지와 시선으로 스스로의 삶을 개척하고 있음을 보여주고 싶었던 것 같다.

이번 비엔날레에서 유독 눈에 띄는 작가가 있는데, 다름 아닌 노원희 작가다. 오래전 정년퇴임한 원로 작가이며 회화 매체만을 고집해온 작가이기에 비엔날레에 대대적으로 소개되는 건 상당히 이례적이라 할만하다. 전시실 곳곳에 배치된 노원희 작가의 작품은 확실히 부산 또는 부산이 처한 어떤 상황에 대한 풍부한 시각성을 드러낸다. 그는 사실 1980년 민중미술의 대표 그룹이라 할 수 있는 '현실과 발언'의 창립동인으로, 예술이 사회와 떨어져 존재할 수 없다는 예술의 사회성을 강조해온 작가이기도 하다. 그래서 그가 그려내는 작품들은 모두 사회적 맥락에서 이해할 수 있는 고유의 어떤 이야기를 담고 있다.

아지즈 하자라, 〈하늘 위의 눈〉 단채널 비디오, 5분 9초 (2020년)

　　부산현대미술관에서 영접한 작품들이 너무 많아 가물
가물하기는 하지만, 그래도 이번 부산비엔날레는 억지스
러운 물량 공세를 하지는 않았다. 야콥 파브리시우스는 한
작가의 작품을 한 공간에 국한하지 않고 여러 공간에 뒤섞
어 전시 전체가 역동적인 느낌을 갖도록 만들었다. 덴마크
에서 활동하는 큐레이터라서 그런지 전시가 깔끔하고 정돈
된 느낌이다. 많은 물량을 투여하는 기존의 비엔날레에 비
추어 본다면 욕심을 버리고 전달하고자 하는 메시지에 선
택과 집중을 한 노력이 보인다. 문화인류학적 방법론을 바

탕으로 하는 작가들이 대거 포진하면서 또 다른 형식의 박물관이 구현되었는데, 사실 이것도 이제는 꽤 식상해진 방법론이라 딱히 매력적으로 다가오지는 않았다.

이쯤 되니 비엔날레 리뷰라는 것도 식상함을 넘어 무용지물에 가깝다는 생각이 든다. 내가 쓰고 있는 이 글이 도대체 부산비엔날레를 이해하는 데 무슨 도움이 되겠는가. 사건도 없고 답도 없고 정황만 장황하게 펼쳐진 전시공간을 헤매고 있는 목적 없는 탐정의 말장난일 뿐.

이명원

문학평론가이자 경희대 후마니타스칼리지 교수이다. 지은 책으로는 『두 섬: 저항의 양극, 한국과 오키나와』『연옥에서 고고학자처럼』『시장권력과 인문정신』『마음이 소금밭인데 오랜만에 도서관에 갔다』 등이 있다. 상상비평상, 성균문학상, 한국출판문화상 등을 수상하였다.

타오

김종철과
『녹색평론』이
남긴 것

1.

2020년 6월 25일,『녹색평론』의 김종철 발행인이 유명을 달리했다. 지구적으로 역병이 창궐하는 시대의 한가운데서 맞은 그의 죽음은 말할 수 없는 침통함을 느끼게 했다. 몇 달의 시간이 흘렀지만, 그 죽음의 의미를 문화사적으로 명료하게 규명해야 한다는 생각은 갈수록 강해진다. 물론 이것은 한두 마디의 말로 정리될 수 있는 것은 아니다.『녹색평론』에 대한 철저한 분석은 물론 그가 제시했던 '비非근대 사상'에 대한 전환적 사고와의 치밀한 지적·윤리적 공명이 필요하기 때문이다.

『녹색평론』의 창간호가 나온 것은 1991년 10월이다. 이 시기는 1987년 6월 시민항쟁의 결과로 초래된 '형식적 민주화'로의 이행기였지만, 동시에 이른바 '91년 5월 투쟁'으로 상징되는 대학생들의 절망적인 '분신정국'이 진행되었던 시기였으며, 세계사적으로는 동구 및 소비에트 블록이 해체됨으로써 '역사의 종말' 프랜시스 후쿠야마 이 운위되던, 여전히 격동적인 '혼돈의 시대'였다.

『녹색평론』이 등장했을 때, 나는 대학생이었는데 당시의 감각으로서는 이 매체에서 피력되는 생태주의와 비非근대 사상을 철저하게 이해하고 충분히 공감할 수 있는 정신적 탄성이 결핍되어 있었다. 그러다가 2000년대를 경과하면서 『녹색평론』은 그 어느 매체보다 더 구체적인 현실에 즉해 미래사회의 대안을 제시하고 있는 게 아닌가 하는 일종의 각성에 가까운 회심回心을 경험하게 된다. 그것은 서구적 근대성 혹은 근대의 발전주의에 기반한 목적론적 사고와 같은 지독한 인식론적 관성에 대한 반성적 성찰에서 온 것 같다.

30여 년의 세월이 흘렀지만, 현재 시점에서도 『녹색평론』의 창간사인 「생명의 문화를 위하여」를 읽으면 자못 놀라운 느낌을 갖게 된다. 『녹색평론』이 창간될 수밖에 없었던 김종철의 "절박한 심정"이 이미 회피 여부와 무관하게 현실화된 게 아닌가 하는 '묵시적 감각' 때문에 그렇다.

우리에게 희망이 있는가?
지금부터 이십 년이나 삼십 년쯤 후에 이 세상에 살아남아 있기를 바라는 사람이 과연 몇이나 될 것인가? (......)

점점 가속적으로 악화 일로를 걷고 있는 환경문제를
보면서, 그리고 그러면 그럴수록 인간을 포함한 수
많은 생명체들이 지구상에서 지속적으로 생존할 수
있는 가능성이 대단히 불투명해지는 현실에 직면하
여, 우리 자신은 그렇다치고 우리의 아이들은 어떻
게 될지, 그 아이들이 성장하여 사랑을 하고 이번에
는 자기 아이들을 가질 차례가 되었을 때 그들의 심
중에 망설임이 없을까—하는 좀더 절박한 심정에 시
달리지 않을 수 없다. 이것은 아마 조금이라도 생각
이 있고 책임감이 있는 사람이라면 회피하기 어려운
당면 현실일 것이다.[1]

위의 인용문을 다시 읽으면, 두 가지 점에서 기묘한 느
낌이 든다. 첫째, 이 글이 쓰이고 "삼십 년쯤 후"가 지난 지
금 김종철은 "이 세상에 살아남아 있"지 않다는 사실의 확
인에서 오는 기묘함이 그것이다. 어쩌면 그는 『녹색평론』
을 창간하면서 자신에게 주어진, 의식적으로 명료하게 활
동할 수 있는 지적 활동의 '잔여 시간'이 "삼십 년쯤"이라고
생각했던 것은 아닌가 하는 추측조차 하게 된다.

두 번째 기묘함은 "회피하기 어려운 당면 현실"로 그
가 규정하고 있는 생태적 현실의 명백히 절망적인 상황이
다. 1991년 당시 대다수의 한국인들은 정치적 민주화나 경

---

1   김종철, 「생명의 문화를 위하여」, 김종철 편, 『녹색평론 선집1』,
     녹색평론사, 1993, 9쪽.

제성장을 통한 풍요에의 욕망이라면, 오히려 이것을 매우 현실적인 것으로 느꼈다. 그러나 "인간을 포함한 수많은 생명체들이 지구상에서 지속적으로 생존할 수 있는 가능성이 대단히 불투명해지는 현실"이라는 문장을 읽어나가면서 "절박한 심정"을 느꼈던 이는 지극히 소수에 불과했을 확률이 높다. 근대적 발전주의 / 성장주의에 대한 욕망이 그야말로 본격화되었던 1990년대의 전망 속에서, 인간을 포함한 '생명공동체'의 절멸가능성이라는 '묵시적 인식'에 기반한 '생태적 현실주의'가 과연 기꺼이, 대중적으로 수용될 수 있었을까?

그런데 30년의 세월이 흐른 지금 그의 '생태적 현실주의'는 가감 없는 현실 그 자체로 우리에게 강림해있다. 신종 코로나로 상징되는 역병의 전지구화는 그것의 한 증상일 것이고, '기후변화'의 단계를 넘어 '기후위기'에 봉착한 지금, 미래세대의 지속가능한 삶은 근본적 위기에 처해 있다.

2.

그렇다면 대안은 무엇인가? 김종철은 창간사의 끝에서 다음과 같은 주장을 개진하고 있다.

우리와 우리의 자식들이 살아남고, 살아남을 뿐만

아니라 진실로 사람다운 삶을 누리기 위해서 우리
가 할 수 있는 것은 협동적인 공동체를 만들고, 상부
상조의 사회관계를 회복하고, 하늘과 땅의 이치에
따르는 농업중심의 경제생활을 창조적으로 복구하
는 것과 같은 생태학적으로 건강한 생활을 조직하는
일밖에 다른 선택이 없다. 그러나 그러한 사회생활
의 창조적 재조직이 가능하려면, 자기 자신을 내세
우지 않는 겸손을 실천할 수 있어야 하고, 그러한 겸
손에서 기쁨을 느낄 수 있는 정신적 자질을 갖추지
않으면 안 될 것으로 보인다.[2]

위의 인용문에서 협동적 공동체의 건설, 상부상조의
사회관계 회복, 농업 중심의 경제생활, 겸손과 같은 정신적
자질의 강조는 이후 『녹색평론』에서 다양하게 변주된다.
협동적 공동체를 건설하는 것은 한국이라는 '정치적
공동체' 안에서 민주주의의 의미를 철저하게 묻고, 이를
가능케 하는 경제의 본질적 성격을 묻는 일로 연결된다.
『녹색평론』 지상에서 강조되었던 '직접 민주주의'나 간디의
'마을공화국', 유럽의 '시민의회' 등에 대한 지속적인 소개
와 비평은 이에 해당할 것이다. '경제적 자립'이 삶의 물질
적 토대로서 근원적인 조건이라는 김종철의 생각은 '지역
화폐' '국가화폐' '기본소득'에 대한 이론적 탐구로 이어진

2   김종철, 위의 글, 15쪽.

결과, 현재는 한국이라는 정치공동체 안에서도 현실화된 기획들이 점진적으로 실현되고 있다.

상부상조의 사회관계 회복을 위해서는 사랑과 자발성의 교육이 필요하며, 그것을 가능케 하는 마을공동체가 활기를 띠어야 하는데, 이를 환기시키기 위해 김종철은 쿠바의 유기농업운동이나 아미쉬 공동체, 공생의 가치에 기반한 한국의 두레농에 대한 사례와 담론을 소개하는 것과 함께, 중앙에 예속되지 않는 지방/지역의 자립적 경제 활성화 문제를 강조했다.

농업 중심의 경제생활은 그가 역설한 것의 핵심적인 토대이다. 그는 생산과 소비의 무한 순환을 통한 물질적 풍요라는 산업화 혹은 자본주의적 발전양식은 지속 불가능할 뿐만 아니라, '물질순환'이라는 생태계의 근본적 원리에 비추어 볼 때도, 결과적으로 인간과 자연 모두를 파국적 상황으로 내몰게 될 것이라고 추론했다. 지구의 물질순환의 토대는 자연인데, 물·공기·땅·화석연료와 같은 자연적 토대는 일단 붕괴되면 그것의 재생과 복원이 어려운데, 산업사회의 논리는 이러한 명백한 사실을 무시하고 무한 성장을 추구하기 때문에, 결과적으로는 파국에 직면하게 된다는 것이다.

겸손과 같은 인간의 도덕적·윤리적 태도에 대한 강조는 근본적으로 생명이란 상호의존적 그물망 속에 존재한다

는 의미를 우리가 근원적으로 자각하는 것을 의미한다. 그
가『녹색평론』을 발행하면서 지속적으로 강조했던 것의 하
나는 그래서 '시의 마음'이었다. 시적 인간이란 동시에 생
태적 인간이라는 논리는 이래서 가능해진다.

> 실은 시적 사고라는 것은 본질적으로
> 모든 생명을 하나로 보는 사고방식이거든요.
> 우리는 시의 사고는 주로 은유적 사고에
> 의존한다는 것을 주목해야 합니다. (...)
> 상호 이질적인 사물들 사에에
> 유사성이나 일치성을 발견하는 능력이
> 은유적 사고라고 한다면,
> 은유라는 것은 원래 만물을 하나로,
> 형제로 보는 마술적 사고 혹은
> 신비적 직관에 뿌리를 둔 것이라는 것을
> 이해하는 것은 어렵지 않습니다.[3]

시적 사고를 그는 "만물을 형제로 보는 마술적 사고
혹은 신비적 직관"이라고 표현하고 있는데, 은유가 없다면
인간의 언어도 소통도 불가능하다는 것을 우리는 잘 알고
있다. 생명공동체라는 것 역시 은유적 사고에 기반해 성립
되는 개념인지 모른다. 은유적 사고는 시적 사고이며, 인

3 김종철,「시의 마음과 생명공동체」,『녹색평론선집1』, 녹색평론사, 1993, 75쪽.

김종철과「녹색평론」이 남긴 것

간에게 근원적으로 내장되어 있는 관계에 대한 무의식적 사고이다. 생명이 물질순환의 그물망으로 연결되어 있다면, 인간은 은유적 언어 속에서 나와 너, 우리의 관계성을 인간적 범주를 넘어 자연 전체로 확대시킨다.

3.

시적 인간이자 생태적 인간이었던 김종철이 이제는 이곳에 없다는 사실은 말할 수 없이 이 세계를 쓸쓸하게 만든다. 이 글을 쓰고 있는 나 역시 그의 사후 몇 달이 지난 지금까지, 그의 죽음의 의미를 곱씹느라 자주 무력감에 빠져들곤 했다. 그런데 생각해 보면, 그가 『녹색평론』을 통해 강조했던 생태사상이나 생명공동체의 논리를 원점에서 재검토하게 되면, 결국 살아있는 우리가 그가 강조했던 '겸손한 자질'의 근거의 원점은 '죽음'이라는 문제를 피해갈 수 없다.

생명의 존재론적 순환이란 삶과 죽음이라는 양극에 대한 존재론적 인식을 회피할 수 없다. 『녹색평론』의 창간 자체가 인간의 삶이 회복 불가능한 파국으로 귀결될 수 있다는 '묵시적 비전'에서 출발한 것이라면, 인간과 자연의 상호의존과 생명공동체 안에서의 공생공락 共生共樂 의 문제를 근원적으로 사유하고 실천하기 위해서는 '죽음'이라는, 피할 수 없는 생명의 사건에 대해 겸허하고도 투명한 인식을 회피할 수 없다.

이런 문화(산업문화-인용자)에서는 죽음을 삶의 불가결한 요소로서 파악할 수 있는 정신적 능력이 길러질 수 없음이 분명합니다. 죽음이란 그냥 불안스러운 어떤 재난으로 인식될 뿐입니다. 우리는 우리가 소유한 것들, 사회적 성공, 명예, 이런 것들에 집착하면 집착할수록 죽음은 단순히 두렵고, 자꾸만 외면하고 싶은 대상이 될 뿐입니다. 사람이 성숙하게 된다는 것은 죽음을 받아들일 수 있는 능력을 가지고 있다는 것이 아니겠습니까? 우리는 우리의 삶의 유한성을 인정하고, 인간은 죽는 존재라는 사실을 냉철하게 자각할 수 있을 때만 아마 죽음을 수용할 수 있는 성숙한 인격이 가능하고, 또 우리의 나날의 삶에 대한 우리 자신의 태도가 좀더 관용적인 것으로 변할 수 있을지 모릅니다.

(...) 비겁한 마음이 폭력을 불러들이는 것처럼, 죽음을 있는 그대로 받아들일 수 있는 능력의 쇠퇴는 죽음에 대한 맹목적인 두려움을 증가시키고 그 결과 안팎의 자연에 대해서뿐만 아니라 인간 상호 간에도 폭력이 난폭하게 행사되는 당연한 삶의 관행으로 굳어지고 있는 현실입니다.[4]

4 김종철, 위의 글, 83-84쪽.

생명의 문제를 생각하면서 우리는 '삶의 활기'에는 민감하게 반응하지만, 죽음에 대해서는 그것을 회피하고 의식적으로 망각하는 것이 흔한 일이다. 산업사회 이후의 세계에서 죽음은 제도적으로 관리되고 상품화되었다. 불사**不死**의 욕망은 평범한 개인들이 가입하는 생명보험으로부터 첨단의 '유전자 가위' 기술 같은 생명공학까지 촘촘히 연결되어 있다. 유기체의 죽음과 소멸은 자연적 필연임에도 불구하고, 그것을 '재난'과 유사한 감각으로 밀어내고 은폐하고자 하는 문화는 "삶의 불가결한 조건"인 죽음에 대한 겸허한 인식을 사실상 불가능케 만들어 "죽음에 대한 맹목적인 두려움"을 조성한다.

그러나 생명의 존재론적 순환에 대한 겸허한 인식은 언젠가 우리가 이 땅을 떠나가게 될 것이며, 우리가 떠나간 이후에도 새로운 생명들이 이 땅 위에서 살아갈 것이라는 장구한 시간에 대한 신뢰와 희망을 갖게 만든다. 아마도 김종철이 『녹색평론』을 출간하기로 결심한 것은 이 인간다운 신뢰와 기대와 희망이 빠른 시간 안에 부정당할지도 모른다는 '생태적 파국'에 대한 두려움 때문이었을 것이다.

삶의 유한성을 자각하고 인간이 필멸의 존재라는 사실을 겸허하게 인식하게 된다면, 이를 통해 정지를 모르는 정신적·물질적 욕망을 얼마간 제어할 수 있는 가능성이 열릴지도 모른다. 그렇게 존재론적으로 성찰하고 실천하고

자 결심/회심한 사람들이『녹색평론』을 매개로 소박한 대화와 연대를 할 수 있다면, 생태적 절멸의 두려움 속에서도 '나무를 심는 사람' 장 지오노의 책임윤리를 다할 수 있지 않을 것인가. 김종철이 출간한『녹색평론』이란 그렇게 심어진 나무들, 그것이 자라 우리 눈 앞에 펼쳐진 하나의 신성한 숲인지 모른다.

생전의 김종철은 수하한화 樹下閑話 를 즐겼다. 나무 아래서 한가롭게 이야기하듯이, 그러나 절실한 표정으로, 동시에 유머러스하게 '생명의 문화'를 역설했다. 나무 아래, 잠들어 있는 그를 생각하면서, 나와 우리는『녹색평론』이 남긴 것에 대해, 이제부터 생각하기로 결심한다.

정훈

문학평론가. 2003년 부산일보 신춘문예로 등단했다.
평론집으로 『사랑의 미메시스』, 『시의 역설과 비평의 진실』이 있다.

저자

당신은 나를 슬어서 그늘에 안장한다

조용미 시집,

『당신의 아름다움』문학과 지성사, 2020

조용미 시집『당신의 아름다움』문학과 지성사, 2020은 당신의 수사학이다. 당신에 대한 수사학이자, 당신에서 비롯하는 수사학이다. 그러니 문제는 늘 당신한테 있다. 당신에 내재한 '문제'는 실은 당신만의 문제는 아니다. 시집 전편에 걸쳐 당신은 호출당하기도 하고 숨어서 보이지 않는다. 숨어서 보이지 않을 때조차 언제나, 늘 호출당한 것처럼 당신이 어른거린다. 시인은 당신을 부르고, 당신을 얘기하고, 당신의 실체를 매만지기에 어쩌면 당신에게 부여한 문제는 시인이 창조한 문제일 수도 있다. 당신은 시인에게 거대한 형용 形容 이다. 선연하면서도 처연한 형용이다. 빛을 던지면서 그늘을 만드는 형용이다. 그렇다고 해서 이도 저도 아닌, 그래서 그 모든 것인 당신은 아니다. 왜냐하면 당신으로 하여금 시를 만들고 이미지를 형성하기 때문이다. 그러니까 시집『당신의 아름다움』은 당신으로부터 배태한 아름다움에 관한 시편들의 묶음이다. 여기서 '아름다움'은 말 그대로 아름다움일진대 위태로운 이미지와 의미를 끌고 오는 아름다움이다. 이 아름다움은 가까스로, 아슬아슬하게, 힘겹게 만들어지는 환희의 꽃봉오리이면서도 시린 아픔과 결락의 고통을 안겨다 주는 아름다움이다. 다시 말해 '당신의 아름다움'은 시와 시인의 삶을 이끄는 길에 놓인 깊고도 넓은 영혼의 표지인 셈이다. 그러고 보니, 어쩌면 당신은 헛것이 불러낸 조화造花처럼 보이기도 한다. 그렇지 않고서야 시 그림자처럼 짙은 음영을 띠기는 힘들 것이기 때문이다. 시인이 당신을 호출할 때, 시인은 기나긴 삶의 길 위에서 바투 시름한 마음의 단면을 내비친다. "당신의 아름다움은 나로부터 발생한다// 당신의 아름다움은 내게 늘/ 가장 큰 시련이다// 당신 뒤에는 빛이 있다/ 당신은 빛을 조금 가리고 있다"「당신의 아름다움」는 '당신'론의 일면, 일관되지 않은 당신이라는 이름의 기호를 들추는 진술에서 우리는 알쏭달쏭한 느낌을 받는다. 이 느낌은, 시인이 당신을 향한 마음의 심란함에서 비롯하는 게 아니다. 당신이 시인의 시적 발화를 추동하거나, 교란하거나, 혹은 배경이나 전면에서 어른거리며 시인으로 하여금 아이러니한 문맥을 만들 수밖에 없도록 꽉 붙잡아두는 어떤 '세계'다. 이 세계가 끊임없이 당신을 생성한다.

시가 의미의 조각이든 이미지의 편린이든 시인이 창조하는 세계의 자국을 남기는 일은 자연스럽다. 조용미는 어둑어둑한 당신의 품에 푹 안겨 더 이상 복귀할 수 없는 세상으로 가라앉고만 싶어 하지만 그럴 수 없다. 왜냐하면 그 세계는 궁극의 자유를 누릴 수 있도록 하지만, 때때로 죽음보다 깊은 고독을 안기기 때문이다. 그런데 고독과 시련과 슬픔은 언제든 시인과 함께했기에, 아니 원래 시인은 슬프기에 당신의 세계는 지금 여기에도 꼭 놓여 있는 것만 같다. 슬픔의 반대편에서 내게 손짓하는 당신의 얼굴은 지독한 슬픔조차 잊게 한다. 그런데 당신에게 호소하는 내 마음 밑바닥에는 짙은 녹음처럼 신비한 어스름이 끼어 있는 것처럼 보인다. "빈 나뭇가지 위에 앉아 있는 까마귀들, 어둠 속 저수지 근처 폐사지의 삼층석탑, 차창으로 얼핏 보았던 과일을 감싸고 있는 누런 종이들이 내뿜는 신비한 기운// 이런 것들에 왜 잔혹한 아름다움을 느끼며 몸서리쳐야 하는지 슬픔이 왜 이토록 오래 나의 몸에 깃들어야 하는지 당신은 알고 있을 것만 같다// 당신은 명왕성보다 멀어서 아름답고/ 나는 당신을 만날 수 없다// 당신과 내가 이 영역에 함께 있다"「어둠의 영역」는 고백을 감싼 빛깔은 어디에서 오는가. 슬픔을 유발하는 이미지는 이미지대로 아름다움의 영역에 합류하고, 이 아름다움은 슬픔의 영토에 오래 전부터 있어온 것처럼 처연하기만 하다. 그리고 당신은 걷잡을 수 없는 거리보다도 멀리 있고, 아득한 간격의 극점에 자리 잡은 그대와 나이기에 서로 공존한다. 만날 수는 없지만 함께 있다. 역설이되 역설처럼 보이지 않는 까닭은 당신과 내가 마치 한 몸인 듯 아닌 듯 분리와 결합이 자유롭게 이루어지기 때문이다.

밀접하게, 밀착되어, 은밀한 내연의 관계를 유지하면서, 그래서 결코 떼어놓을 수 없는 당신과 나는 존재의 빛과 그림자처럼 한쪽이 한쪽을 잠식하거나 잠식당하는 관계에 묶여 있다. 밝음의 영역이 넓어질수록 어둠의 영역이 좁아지는 게 아니라, 오히려 깊어지고 무거워진다. 나는 당신께 바치는 빛을 만들기 전부터 어두웠다. 그리고 아름다움이 형성되기 전부터 어두웠다. 조용미는 당신과 내가 어우러지면서 자아내는 기묘한 슬픔을 구성하려는 듯하다. 아팠기에, 어쩌면 앞으로도 아프겠기에 그 아픔의 속살과 형식은 나날이 정교해지고 나날이 두터워져만 간다. 이건 삶의 미학적 태도라기보다는 어그러지는 삶의 모서리를 더듬는 실천적이고 윤리적인 태도와 가까워 보인다. 그래서 더욱 아프다. "그토록 오래 당신을 사랑했던 나를 이제야 이해하겠다 이제야 용서할 수 있겠다 그대가 누구인지 알기도 전부터 나는 그대를 사랑하기로 했구나 삶이여, 이제 나는 없다 그러니…"「슬픔의 연대기」라 읊는 목소리의 주인공은 시의 화자이기 이전에 슬픔의 입술이었는지도 모르겠다. 그 입술은 당신을 호출하며 바싹 메말라 간다. "그대가 누구인지 알기도 전부터 나는 그대를 사랑하기로" 예정되어 있는, 운명의 비린 굴레에서 벗어나는 방법은 없다. 내가 사라져도, 내가 갑자기 소멸해도 기억은 영원하기에 시간의 축에서 퉁겨져 나온다고 하더라도 이 명백한 사실을 지울 수는 없다. 그러니까 당신은 필연이요, 당신께로 접어드는 내 의지와 마음 또한 필연이다. 어쩌면 당신과 나는 함께 하지 못하면서도 함께 한다고 믿는 허상의 존재들인지도 모른다. 그리고 어쩌면, 내가 무수한 당신들을 잉태하면서도 단 하나의 당신만이 내게 의미가 있을 뿐이라 믿고 있는지도 모른다. 아니다. 당신이야말로 나를 낳았고 나를 길렀다. 길러서 어둠이 더욱 깊어지기까지 내 입술의 주름을 쓰다듬었는지도 모른다.

아픔의 형식에 대하여, 이 무한한 그리움들의 지층이 이루는 무늬에 대하여 『당신의 아름다움』은 낮은 소리로 말한다. 천천히, 조용히 이룩하면서 완성 짓는 빛나는 소멸, 아니 당신이라는 이름의 그늘에 쏘여 슬대로 슬어버린 내 육신은 시간이 영원토록 낮은 데로만 엎디어 있을 것만 같다. 그리고 보면 당신과 나는 원래부터 바닥에 납작 엎디어 일어서기만을 기다린 존재였는지도 모른다. 조용미 시집에는 그런 처연함을 등에 지고 입술을 달싹거리는 말들이 있다. 당신을 바라보는 눈길과 당신을 기억하는 눈길,

그리고 당신을 돌려보내는 눈길에 어린 섬세한 영혼을 생각한다. 많이도 추웠겠다. 참 많이도 아팠겠다. 이런 것들이 슬픔을 구성하지만, 슬픔은 아름다움을 곧바로 취하지 않는다. 아름다움은 어쩌면 그늘에 쏘여 녹이 슨 몸뚱이가, 그 축축하고 시린 입술에서 터져 나오는 말의 형식에서 비로소 시작되겠다. 이 말, 이 산화된 공기들 사이에서 생성되는 혼의 빛깔이 시편을 이루었다. 시가 말로 이루어져 있되, 그늘에 오랫동안 머물러서 빛과 그림자, 어둠과 밝음, 그리고 삶과 죽음의 경계에 널려 울음 바짝 말리지 않는다면 공허한 음률만 자아낼 뿐이다. 조용미의 당신, 시의 당신, 그리고 당신의 '당신'은 그렇게 만들어진다. 당신의 '당신'은 말을 흘려보낸 내 '입술'이다. 입술에서 모든 당신들이 빠져나온다. 그리고 그렇게 빠져나온 당신들이 무리를 지어 떠다닌다. 당신이 내게로 오면 나는 얼른 입술을 연다. 그래서 당신이 드리우는 그늘에 입을 맞추고는 천천히 소멸한다. 그 소멸하는 자리에서 지워지지 않는 시간의 기억 하나쯤 웅크리고 있을지 누가 알겠는가. 그러니 입술에서 빠져나온 말들에 환한 인장印章을 매달아 두는 일, 그 인장을 달고 다시 돌아올 당신을 알아보고 기억하는 일, 이것이 시업詩業이요 시인의 길이지 않겠는가. 조용미 시집 『당신의 아름다움』이 이런 생각을 불러일으켰다.

당신의 '당신'은
말을 흘려보낸
내 '입술'이다.
입술에서 모든 당신들이
빠져나온다.
그리고 그렇게 빠져나온 당신들이
무리를 지어 떠다닌다.
당신이 내게로 오면
나는 얼른 입술을 연다.
그래서 당신이 드리우는 그늘에
입을 맞추고는
천천히 소멸한다.

김창일

학예연구사이지만 전시나 유물관리보다는 해양문화를 조사·연구하는 일을 좋아한다. 한국 동서남해의 해양문화를 두루 조사했으며, 특히 남해도, 삼척, 울산, 연평도는 사계절을 상주했고 주민들과 함께 생활하면서 참여 및 관찰·조사를 했다. 2019년에는 부산 영도를, 2020년에는 가덕도 해양문화를 조사하고 있다.

해녀의 삶을
변화시킨 공간
영도해녀문화전시관

    영도대교에서 오른쪽으로 고개를 돌리면 1913년 설립된 우리나라 최초의 근대식 조선소가 보인다. 이름은 여러 번 바뀌었지만 과거의 모습을 간직한 채 운영되고 있고, 조선소 주변의 깡깡이마을도 옛 영광의 흔적을 보존하고 있다. 영도는 국립해양대학교을 비롯해, 국립해양박물관, 해양수산개발원 등 해양수산부 산하의 수많은 기관이 자리 잡고 있어 부산 해양문화의 축소판이라 할만하다. 19세기 말부터 근대어업과 해양산업의 중심지였다.

    오래전부터 도시화된 섬, 영도에 제주도 출신 해녀 100여 명이 물질을 한다. 제주 해녀들이 영도에서 물질을 처음 시작한 중리 해녀촌으로 향했다. 해변가에 간이천막을 치고 관광객에게 해산물을 판매하고 있는 곳이다. 80세 전후 노인들이지만 바다에서 평생을 이어온 강인함은 범접

중리해녀촌 해녀 물질

하기 어려운 기운을 내뿜었다.

　해녀들은 매일같이 물질을 나간다. 제주도를 떠나서 50여 년을 반복해 온 삶이다. 해산물을 구입해 먹으면서 그들을 관찰했다. 그들은 손님이 해녀촌으로 들어설 때마다 언성을 높였다. 특히 단체 손님이 올 경우 서로 손님을 끌기 위해 더 큰 소란이 벌어지곤 했다. 손님들은 당황스러워했다. 순서대로 돌아가며 받는 원칙이 있음에도 사소한 언쟁은 끊이지 않았다.

과거 간이천막으로 된 중리해녀촌

　전국의 어촌을 다니며 뭍해녀 집단을 조사해 온 필자
는 이러한 광경을 보며 한 가지 의문을 가졌다. 다른 지역
의 해녀도 물질 후 해산물을 판매하는데 유독 영도 중리해
녀촌만 이리 소란한 모습을 보이는지 말이다. 해답을 찾기
위해 수시로 해녀촌을 방문해 해녀들과 대화를 나누고, 관
찰했다. 여타 지역 해녀들은 물질 후 휴식을 취할 여유가
있으나, 중리해변의 해녀들은 상황이 달랐다. 물질 후 곧
바로 간이천막에서 해산물 판매를 했다. 매일 전쟁터나 다
름없는 고된 삶을 이어온 것이다. 물속에서는 바다와 싸
우고, 물질이 끝난 후에는 하나라도 더 팔기 위해서 옆에

해녀의 삶을 변화시킨 공간

있는 해녀들과 경쟁하는 상황의 연속이었다. 이러한 삶이 수십 년 누적되다 보니 다른 지역 해녀에 비해 생활이 더 팍팍했다. 만인 대 만인의 투쟁은 삶을 거칠게 만든다. 더군다나 중리 해녀들은 플라스틱 대야에 바닷물을 받아서 해산물 판매를 했다. 손님들이 먹는 장소는 공동으로 관리하기에 해녀 각자의 공간이 없다. 겨울에는 바닷바람을 맞고, 여름에는 뙤약볕에 노출되며 일했다. 열악한 환경은 더욱 치열한 경쟁을 유발시켰다.

문제는 여기서 그치지 않았다. 마을로 진입하여 해변을 바라보는 사람의 입장에서 좌측은 봉래팀, 우측은 청학팀으로 나뉘어 있었다. 원래 청학팀과 봉래팀은 함께 해산물을 채취하기도 했으나, 갈등이 생기는 바람에 중리해변 양쪽으로 갈라섰다. 사연은 다음과 같다.

봉래팀은 1명을 제외하고는 해변에서 판매를 하지 않고 시장에서 장사를 했다. 반면 청학팀은 대부분 마을에 남아서 해산물을 판매했다. 그런데 청학팀에서 마을에 남아 있는 봉래팀 해녀 1명을 물질할 때 소외시킴으로써 두 팀 사이에 갈등이 생겼다. 결국 봉래팀은 현재 해녀전시관 아래쪽 해변에서 장사를 하고, 청학팀은 반대편 해변에서 장사를 하게 된 것이다. 중리마을 입구에 '해녀촌'이라는 간판을 세웠는데 각자 장사하는 쪽으로 간판을 돌려놓으며

기 싸움을 하기도 했다. 이후로 봉래팀과 청학팀은 서로 왕래하지 않았다. 갈등이 해소될 기미는 없었다.

이러한 문제점을 동삼동 어촌계와 구청에서 파악하고 있었다. 해녀문화전시관 건립 준비를 하면서 해결 방안이 논의 됐다. 청학팀, 봉래팀, 동삼팀으로 나뉜 것을 그대로 인정하여 수족관을 3개 구역으로 나누었다. 손님을 받는 나름의 규칙도 정했다. 손님이 들어오는 순서대로 청학팀, 봉래팀, 동삼팀이 돌아가며 받도록 했다. 한 팀에서 단체 손님을 받을 경우 나머지 두 팀에서 2회씩 손님을 받도록 했다. 각 팀 내에서는 다시 두 개 조로 나눠서 일을 한다. 1조가 판매장 일을 하면, 다음 날은 휴식을 취한다. 휴식 날에는 물질을 하든 휴식을 가지든 자유다. 주말에는 손님이 많으므로 모두 판매장으로 출근한다. 이렇게 규칙을 정하고 새로운 공간에 모여서 판매를 시작했다.

영도해녀문화전시관 개관2019년 11월 6일 후 불과 몇 주 지나지 않아서 급격한 변화가 일어났다. 해녀들은 함께 있는 시간이 많아지면서 서로 간의 앙금이 완화됐다. 간혹 목청이 높아지는 일이 있지만 바닷가 천막에서 판매할 때와는 비교할 수 없을 정도로 다툼이 줄었다. 개관 후 1개월이 지나면서 서로 다른 팀 구성원들 간에 화기애애한 장면이 자주 목격됐다. 동삼팀은 주로 하리 앞바다에서 물질을

영도

했고, 청학팀과 봉래팀은 중리해안에서만 물질을 했으나,
해녀전시관 개관 후 서로 친해져서 경계를 없애고 자유롭
게 물질하는 것으로 합의했다. 또한 팀 구성원 간의 경쟁이
아닌 협업을 통한 공동판매 후 수익금을 동일하게 나누는
방식으로 변경했다. 그렇게 하니 자연스럽게 팀 내 개인 간
의 갈등도 없어졌다. 이렇듯 새로운 공간이 만들어지면서
그동안 반복되던 불화가 현격히 줄었다.

해녀문화전시관 해산물 판매점에 입주한 장점을 해녀
들에게 직접 청취했다. 정리하면 다음과 같다.

　　1. 위생적으로 변했다. 해변에서 천막을 치고 해산물
을 판매할 때는 물을 마음껏 사용할 수가 없어서 해산물과
식기 세척을 대충했다. 2. 편리해졌다. 천막에서 운영할
때는 밥상, 식기, 도마, 칼 등을 아침에 준비했다가 저녁에
치우기를 반복하던 수고로움을 들었다. 3. 겨울에는 바닷
바람을 맞으며 장사를 했는데 지금은 따뜻하다. 4. 예전에
는 매일같이 물질을 했는데 지금은 이틀 간격으로 판매장
에 출근하기에 물질 횟수가 절반으로 줄어서 몸이 편하다.
5. 간이천막을 치고 장사할 때는 무허가였기에 신고하면
벌금을 내야했으나, 이제 마음 편하게 장사할 수 있다. 이
렇듯 하나의 공간이 만들어짐으로써 개인 간 혹은 집단 간
의 갈등 해소, 노동 강도 완화, 심리적으로 안정되고 삶의
질이 개선됐다. 이는 공간의 힘을 보여준 사례다.

영도해녀문화전시관 전경

이병순

2012년 부산일보 신춘문예에 단편소설 「끌」로 등단했다. 작품집으로는 『끌』이 있다.

티우

공중전화

오랜만에 만난 친구와 식사를 하고 커피를 마셨다. 식사를 하고 커피를 마시는 두어 시간 동안 괜히 불안했다. 핸드폰이 옆에 없었기 때문이었다. 요즘 코로나19 때문에 재난경보 문자메시지가 바락바락 울려대는 것 말고는 내게 전화나 문자메시지가 올 곳은 그다지 없지만 핸드폰이 손아귀에 없으니 편하지 않았다. 바지 주머니를 뒤져도 핸드백에 손을 넣어 휘저어도 핸드폰이 없었다.

친구와 헤어지고 내 차에 오자마자 조수석을 살폈다. 운전을 할 때면 핸드폰을 조수석에 두기 때문에 으레 거기 있을 줄 알았는데 없었다. 차 구석구석을 살펴도 핸드폰은 보이지 않았다. 내 핸드폰에 전화를 걸기 위해 공중전화를 찾아 두리번거렸다. 그러나 공중전화는 좀체 눈에 띄지 않았다. 결국 우리 동네 편의점 근처에 있는 공중전화부스 앞에 차를 세웠다.

수중에 동전이라곤 오백 원짜리와 십 원짜리 동전 몇 개가 다였다. 공중전화 동전 투입구에는 오백 원짜리 동전은 넣을 수 없고, 십 원짜리 동전 몇 개로는 통화를 할 수 없었다. 편의점에 갔다. 천 원짜리 지폐 두 장을 내고 거스름돈으로 백 원짜리 동전 네댓 개를 받을 수 있는 걸 골라 음료수를 샀다.

나는 차 문을 열어놓고 공중전화부스 안으로 들어갔다. 전화기 옆에 작은 선반이 있고 부스 유리벽에 통신사 로고가 붙어 있는 것은 예전 그대로였다. 내 핸드폰을 주운 누군가가 전화를 받거나 차 안에서 벨 소리가 들리기를 바라면서 전화기 투입구에 동전을 넣었다. 땡그랑. 동전이 전화통 바닥에 떨어지는 소리가 났다. 전화통을 흔들지 않아도 그 안에는 동전이 거의 없을 것 같았다. 핸드폰이 만연한 요즘, 공중전화를 쓰는 사람이 드물어 공중전화통에 동전이 쌓일 리가 없을 터였다. 어쩌면 전화기가 고장 났을지도 모른다고 불안해하면서 내 핸드폰 번호를 꾹꾹 눌렀다.

또르르르. 몇 번의 발신음이 떨어지자 차 안에서 핸드폰 벨 소리가 들렸다. 나는 얼른 통화 종료 버튼을 누르고 수화기를 전화기에 올려놓았다. 전화기 액정에 '30'이라는 숫자가 발갛게 떴다. 비로소 요즘 공중전화 한 통의 기본요금이 70원이란 걸 알았다. 통화가 끝나고 수화기를 내려놓는다고 전화통이 거스름돈을 내주는 것도 아니었다. 잔액을 없애지 않고 수화기를 내려놓지 못한 것은 공중전화를 한참 썼던 옛날 버릇이 남아 있어서였다. 그때는 통화 후 잔액을 뒷사람을 위해 두고 나오는 게 예사였다.

스마트폰이 많이 보급되기 전에는 공중전화가 곳곳에 설치되어 있었고, 전화기 앞에는 늘 전화를 사용하려는 사람들이 줄 서 있었다. 그때는 스마트폰이니 핸드폰이니 하는 말조차도 없었고 집에 전화가 없는 이도 많았다. 설령 집에 전화가 있다 해도 전화기는 대부분 안방이나 마루에 있었기 때문에 속마음을 주고받는 통화를 하기는 쉽지 않았다. 게다가 전화요금을 아끼기 위해 집 전화가 있어도 발신 통화를 할 때면 공중전화를 쓰곤 했다.

만화방, 커피숍, 터미널, 버스정류장 부근, 시내 거리 등은 말할 것도 없고 동네 가게 근처에도 거의 공중전화가 놓여 있었다. 동전이 없으면 껌을 사든가 가판대 신문을 샀다. 전화기 앞에서 줄을 서서 기다리다 보면 다른 사람의 통화내용을 엿들을 수밖에 없었다. 어깨와 턱 사이에 수화기를 끼우고 메모지에 급히 뭔가를 끼적이는 사람, 친구를 불러내는 사람, 생활정보지를 선반에 펼쳐놓고 일자리를 구하려는 듯한 사람, 수화기 줄을 뱅뱅 꼬면서 수다를 떠는 사람 등, 통화내용만큼이나 전화를 하는 사람들도 다양했다.

'나간 지 한참 됐다고요? 예, 알겠습니다.' 통화자는 만나기로 한 친구가 오지 않자 친구 집으로 전화를 했음에 틀림없었다. 그때는 나도 친구들과 만날 약속장소를 시내의 큰 서점 앞이나 백화점 앞을 주로 정했다. '많이 기다렸지? 미안!' 줄을 서 있는 동안 친구가 나타나 내 등을 툭 칠 때도 있었다. '1분만 더 기다리다 안 오면 가려고 했는데.' 미안해 어쩔 줄 몰라 하는 친구한테 화를 낼 수는 없었지만 그런 말이라도 해야만 지겹게 기다린 게 덜 억울할 것 같았다. 다 핸드폰이 없던 시절의 이야기였다.

나는 차 안으로 가 핸드폰 벨 소리가 난 쪽을 더듬었다. 핸드폰은 운전석 밑 구석에 있었다. 핸드폰을 확인하니 친구한테 전화 한 통이 와 있었다. 그대로 친구한테 발신 버튼을 누르려다 다시 공중전화 부스로 갔다. 남은 동전으로 친구한테 전화를 했다. 내 핸드폰 번호가 아닌, 낯선 번호가 액정에 떴기 때문인지 친구는 어디냐고 물었다. 나는 오랜만에 공중전화를 쓰게 된 사연은 생략하고 공중전화를 보니 옛 생각이 나서 걸음을 멈추었다고 너스레를 떨었다. 그렇게 일부러라도 쓰지 않으면 몇 안 남은 공중전화조차 모조리 철거될 것 같아서 전화기를 붙들었다고 하니 친구는 아직도 공중전화를 쓰는 사람이 있고, 무엇보다 비상통화를 해야 할 상황을 대비해서라도 공중전화를 없애지 못할 것이니 그딴 걱정은 안 해도 된다고 했다.

찰거락, 찰거락. 나는 남은 동전을 마저 전화통에 넣었다. 친구한테도 전화통에 동전 떨어지는 소리가 들리는지 옛날 생각이 난다는 것이었다. 어쩌다 공중전화기 앞에 사람이 없으면 횡재라도 만난 듯 주머니를 뒤적이며 전화기 앞으로 다가갔던 때가 떠오른다는 것이었다. 길을 가다 비를 만나면 공중전화 부스 안으로 들어가 비를 긋기도 하고, 추운 날 부스 안에 들어가 버스를 기다리던 그 시절을 들춰내고 있는데 통화가 끊겼다. 공중전화를 쓰던 시절의 이야기를 끄집어내 수다를 떨기엔 동전량이 한참 모자랐다.

핸드폰이 없던 그 시절에는 전화할 데도 많았다. 그러나 핸드폰을 안고 사는 요즘은 전화할 곳도 별로 없고 걸려오는 데도 거의 없다. 웬만한 용건은 카카오톡으로 해결한다. 스마트폰이면 사회연결망까지 다 되기 때문에 통화를 하지 않아도 지인들의 행적이 드러난다. 그러니 굳이 안부 전화를 할 필요가 없다. 언제부턴가 무제한 요금제가 생겨 통화료 걱정 없이 밤새 수다를 떨 수도 있지만 이제 우리는 수다도 싫어졌다. 손안에 전화기가 있어도 통화하지 않는데 굳이 공중전화까지 쓸 이유가 없어진 것이다. 스마트폰이란 올가미에 갇혀 외롭기를 자청한 것이다.

한산한 밤거리. 편의점 불빛을 받으며 공중전화 부스가 서 있다. 부스 안에는 취객이 들어가 기대앉아 있다.

공중전화기를 사용하려는 누군가가 오기 전까지 공중전화 부스는 그의 전용 쉼터가 될 것이다.

타인

핸드폰을 안고 사는 요즘은
전화할 곳도 별로 없고
걸려오는 데도 거의 없다.
스마트폰이면 사회연결망까지
다 되기 때문에
통화를 하지 않아도
지인들의 행적이 드러난다.
손안에 전화기가 있어도
통화하지 않는데
굳이 공중전화까지
쓸 이유가 없어진 것이다.
스마트폰이란 올가미에 갇혀
외롭기를 자청한 것이다.

최원준

시인이자 음식문화칼럼니스트이며 소울푸드를 지역사회와 연계하여 인문학적으로 연구, 기록하는 작업을 하고 있다. 음식으로 지역문화를 소개하는 '음식문화해설사'의 필요성을 역설, 국내 최초로 부산 동의대에 '부산음식문화해설사' 양성과정을 개설했다. 시집으로『금빛미르나무숲』『북망』『오늘도 헛도는 카세트테이프』등이 있고, 음식문화칼럼집『부산탐식프로젝트』를 펴냈다. 음식문화칼럼으로 '음식으로 읽는 부산현대사' '부산을 맛보다' '시인 최원준의 그 고장 소울푸드' '최원준의 음식, 사람' 등을 연재했다. 현재, 문화공간 '수이재' 대표이며 부산문화재단 '사람·기술·문화 총서' 기획편집위원이자 부산광역시 식품진흥기금 운용심의위원으로 활동하고 있다.

필자

돼지국밥과
부산사람

부산사람만큼 돼지국밥을 좋아하는 이들이 또 있을까? 출출해서 한 그릇, 소주 한잔하면서 한 그릇, 힘쓸 일 앞두고 한 그릇, 일 끝내놓고 기분 좋게 한 그릇, 먼 길 떠나기 전에도, 그리고 부산으로 돌아와서도 한 그릇씩 먹어야 하는… 부산사람에게 돼지국밥은 지극히 일상적이고도 통상적인 식문화 행위이다.

그런 돼지국밥이 부산사람들에게는 어떤 의미일까? 그 물음에 답하기 위해서는 부산 현대사와 궤를 같이하고 있는 돼지국밥의 탄생과정을 살펴보아야 한다. 부산은 해방공간, 한국전쟁 시기를 중심으로 급속하게 팽창된 도시이다. 수많은 귀환 동포와 팔도의 피난민들이 낯선 타지에 와서 막막하고 신산한 살림살이를 견뎌야 했다.

이들 이주민은 부산에 정착하면서 떠나온 지역의 관습, 문화, 음식 등을 함께 가지고 오는데, 각기 다른 이질적인 생활문화는 서로 충돌, 협의, 수용하는 과정에서 부산만의 특질을 가지고 다듬어지게 된다. 이는 부산을 설명하는 '부산의 정체성'이란 결과물로 반영된다.

해서 부산은 개방과 수용의 도시이자 다양성의 도시이다. 모든 문화를 수용하여 부산의 문화로 만들고, 부산의 문화를 개방하여 모든 이들과 함께 나누는 것. 이것이 부산 사람이 가지는 '부산의 정체성'이다.

한국전쟁을 전후로 해서 부산에서는 다양한 지역의 음식문화가 가마솥 속의 음식처럼 함께 뒤섞이며 부산의 음식으로 재탄생했다. 부산의 수용성과 개방성, 다양성이 현재의 부산 향토음식의 근간을 이뤄낸 것이다. 그중 부산식 돼지국밥이 부산의 역사와 문화, 부산 사람의 기질 등과 함께 발전해온 대표적인 음식이다.

부산의 '돼지국밥'이라는 음식의 가장 큰 특징은 한 가지의 조리법으로 정형화되어 있지 않다는 것이다. 이는 부산 돼지국밥 속에서 여러 지역의 독립된 문화 다양성을 찾을 수 있다는 것인데, 다양한 지역의 섭생이 부산의 돼지국밥에 끈끈하게 내재되어 이어오고 있다. 팔도의 입맛을 가진 사람들이 모여 부산 음식의 다양성을 이끌어내고 있는 것이 '부산돼지국밥'이다.

예를 들어 국밥에 사용되는 육수나 고기 고명의 재료, 상을 차려내는 법 등 모든 것이 팔도의 음식문화 특징을 수용하고 있는 것이 부산의 돼지국밥이다. 그렇기에 가게마다 출신 지역의 독특한 맛을 갖고 있으면서도, 모두 부산 돼지국밥이라는 범주 아래 함께하고 있다.

부산 돼지국밥에서 적용되는 다른 지역 음식문화를 일별해보면, 이북의 고기육수와 순대, 제주의 몸국과 고기국수, 밀양의 소머리 육수 돼지국밥, 일본의 돈코츠 라멘, 대구·경북의 따로국밥 등이 부산 돼지국밥에 일정 부분 영향을 끼쳤다고 볼 수 있다.

다양한 부산 돼지국밥들에서 가장 확연하게 대별되는 부분은 육수일 것이다. 주로 세 가지의 육수로 나눌 수가 있는데, 국물이 뽀얀 육수와 조금 연한 육수, 맑은 육수가 부산 돼지국밥에 적용되고 있다.

뽀얀 육수는 주로 돼지 사골로 뽑아내는데, 국물이 진하고 구수한 맛을 낸다. 주로 돼지 다리뼈인 왕사골을 6~8시간 고아 육수를 낸다. 제주의 몸국과 고기국수, 일본 규슈의 사골 라면인 돈코쓰 라멘, 밀양 무안의 소사골 돼지국밥 등과 닮았다.

조금 연한 육수는 주로 돼지 잡뼈와 고기, 내장 등을

함께 쓰거나 돼지 대가리를 통째 넣고 육수를 낸다. 깊은 맛과 감칠맛이 뛰어나다. 이북 피난민들이 부산에 정착해 이북의 조리 방식에 돼지 대가리를 재료로 활용했는데, 상업화된 부산 돼지국밥의 원형쯤 된다.

맑은 육수는 수육용 돼지고기를 삶아 육수를 낸다. 서부 경남의 돼짓국에서 유래된 것으로 맛이 깔끔하고 정갈하다. 돼지고기 특유의 누린내나 잡내가 전혀 없다. 때문에 돼지국밥의 야성의 묵직한 맛을 싫어하는 사람도 부담 없이 먹을 수 있다.

뽀얀 육수의 사골돼지국밥

국밥 안에 들어가는 고기 고명도 살펴보자. 돼지 대가리에 붙어 있는 돼지 볼살을 사용하는 곳이 있는가 하면, 돼지 부산물인 내장, 순대 등을 함께 쓰는 곳, 돼지목살과 다리 살 등 수육용 고기를 쓰는 곳, 최근에는 고급 외식산업화 과정을 거치면서 삼겹살, 항정살, 갈빗살 등을 쓰는 곳까지 다양하다.

밥상을 차려내는 방법도 다양하다. 원래 부산의 돼지국밥은 국과 고기 고명이 밥과 함께 한 그릇에 담겨 넉넉히 토렴한 후 손님상에 낸다. 이후 다른 지역 사람들이 부산에 정착하면서, 고향의 밥상 문화까지 부산에 정착시켰다.

대구·경북지역의 반상 문화가 흡수되면서 국과 밥을 따로 내는 따로국밥으로 자리 잡고, 이북 지역의 수육과 순대가 돼지국밥에 융화되었다. 서울·경기 지역의 순대국밥 또한 수용하면서 순대돼지국밥이, 제주 고기국수의 영향으로 다양한 면麵을 활용한 돼지국수가 활성화되었다.

돼지국밥은 이렇듯 다양한 지역의 음식문화가 부산에의 정착과정을 거쳐 '부산돼지국밥'이라는 음식으로 자리 잡은 것이다. 다양한 지역의 영향을 받은 다양한 조리법의 돼지국밥이 '부산돼지국밥'이라는 '하나의 이름' 아래에 모여 '다양한 통일성'을 띠는 부산을 상징하는 대표적인 음식이다.

거기에 더해 부산의 산업화 과정과 장터 문화 또한 돼지국밥과 뒤섞이게 된다. 돼짓국에 온갖 부위의 고기를 다 넣고, 밥을 말아, 그 위에 부추, 마늘, 땡초, 양파, 김치 등 반찬 또한 한데 섞어 간소하고 급하게 허벅허벅 퍼먹는 형태의 식문화로 변화 과정을 거친다.

　식사 시간을 줄임과 동시에 노동에 임하는 사람들에게 든든한 노동력을 제공하는 고열량의 음식이란 컨셉이 적용된 것이다. 이런 시대적인 상황이 돼지국밥처럼 밥과 국, 반찬을 한 그릇에 섞어서 먹는 국밥 문화를 탄생시키게 된 것이다.

따로국밥

그렇다면 부산 사람들에게 돼지국밥은 어떠한 음식일
까? 세 가지 키워드로 풀어볼 수 있는데, 첫째는 '공유의 음
식', 둘째는 '통합의 음식', 셋째는 '실용의 음식'으로 규정
할 수가 있겠다.

돼지국밥은 부산의 역사와 문화, 부산 사람의 기질 등
을 상징하는 대표 음식이면서 부산 사람들의 소울 푸드이
기에, 부산 모두가 애정을 가지고 함께 공유하는 '공유의
음식'이다.

돼지국밥은 말 그대로 오랜 시간 진득한 정성으로 끓
여야만 맛있어지는 음식이다. 국밥의 여러 재료를 가마솥
에 한데 넣고 펄펄 끓여내어 하나의 음식으로 만들어내기

돼지국수

에, 아울러 각 지역의 음식문화를 한 그릇에 수용하여 함께 녹아냈기에 '통합의 음식'이다.

국밥 한 그릇으로 고소한 돼지고기도 먹고, 진하면서도 시원한 국물도 먹고, 밥도 말아 설렁설렁 끼니도 때우는 돼지국밥은 밥으로도, 술안주로도 상용되고 노동의 음식으로, 장터의 음식으로, 심지어 잔칫상이나 초상집에서도 끓여냈기에 '실용의 음식'이다.

이처럼 부산의 돼지국밥은 부산의 현대사와 궤를 같이하며 변화하고 다양한 분화 과정을 거쳤다. 다양한 지역의 특색을 가진 섭생을 수용하면서도, 부산 음식의 특색 속으로 잘 발현된 음식이다.

다른 지역의 음식문화와 정체성, 조리법과 반상 예절까지 수용할 뿐만 아니라 이를 기억하고 차려내면서도, 서로 가리지 않고 한데 넣고 푹 끓여내는 조리 방식, 이것이 부산 사람들의 기질 속에 녹아 있는 부산식 조리법이다. '이질적인 다양한 것들이 펄펄 끓는 가마솥에서 모두 하나가 되는 것'이 부산 사람들의 공동체적 정신이라고 볼 때, 돼지국밥은 그러한 부산 사람들의 정신, 그리고 부산 음식의 정점에 서 있다고 볼 수가 있다.

여러 재료가 한 뚝배기에 들어가 가마솥의 도시, 부산 음식이 되는 것. 이것이 부산사람들이 애정하는 부산돼지

국밥의 특성이다. 이질적이지만 융화하고 하나로 뭉치는 부산의 역동성이 돼지국밥 안에 있는 것이다.

따라서 '돼지국밥'이야말로 우리 부산의 정체성에 제대로 부합되는 소울 푸드라 할 것이다.

엄상준

KNN PD로 재직하며 다수의 TV 및 라디오 프로그램을 제작했다. 부
산대학교 예술문화와 영상매체협동과정에서 박사 과정을 수료했으
며, 부산대 영화연구소 연구원으로 활동 중이다. 2017년부터 2019
년까지 <중앙선데이>에 음악 칼럼을 연재했고 저서로『음악, 좋아
하세요』가 있다.

사람이 사라진 자리,
노래가 시작되다

전화기 너머 목소리가 바닷속 잠수부의 것처럼 웅웅거렸다. 더운 여름날이었을 것이다. 나는 우암동, 일명 '소막마을'에 사는 늙은 피란민의 인터뷰를 편집하고 있었다. 일제가 소牛의 수출을 위해 만든 검역소와 막사가 있던 마을에 전쟁기간 동안 피란민들이 모여 살았다. 그녀가 들려주는 아픈 기억에 몰입해 있었던지라 웅웅거리는 원고 청탁 전화에 통신사 신용정보 동의하듯 건성으로 대답하고 말았다. 하지만 이미 집중의 리듬은 깨졌다. 전화를 끊고 나니 문장 하나가 여름철 파도가 되어 머릿속에서 부딪혔다. 검은 모니터 위로 자막이 안개처럼 스르륵 사라졌다. '인간에 대한 음악이란 과연 무엇인가?'

마우스에서 손을 떼고 투덜거리기 시작했다. 처음 떠오른 생각은 '휴먼이라는 제목이 들어간 노래들을 찾아봐야 하는 건가?'라는 것이었다. '80년대 휴먼리그The Human League의 「휴먼Human」이란 노래가 있었지. 혹은 플레이리스트에 넣고 다녔던 가수 래그앤본맨 Rag'n'Bone Man의 동명곡은 어떨까?' 오답은 언제나 빠른 법이다. 머리는 뜨거워졌고 투덜거림의 밀도는 높아졌다. "아니! 게티스버그 연설 나오기 이전부터 음악이란 게 말이지, 인간의, 인간에 의한, 인간을 위해 만들어진 것 아닌가? 새삼스럽게 인간에 대한 음악이라니..." 하지만 방송이 코앞인지라 질문이든 투덜거림이든 오래 붙들고 있을 수는 없었다. 그렇게 시간은 흘러 '뜨거운 여름밤은 가고', 어느덧 '기러기 울어 예는 하늘 구만리'의 계절이 되었다.

아직도 질문에 대한 좋은 답을 찾지는 못했다. 지금도 모든 음악이 인간Human에 대한, 인간을 위한 것이라는 생각에는 변함이 없다. 음악이 가진 '의도성'과 '인위성'을 생각한다면 부정할 수 없을 것 같다. 혹자는 새 소리나 물소리 흉내 낸 것을 두고 음악의 기원을 이야기한다. 재현의 대상과 본질을 착각하는 말이다. 음악도 인간이 사라지면 사라진다. 내일 지구상에 인간이 사라지면, 남는 건 사과나무 한 그루와 갈 곳 잃은 신용카드 고지서뿐이다.

영화 아름다운 청년 전태일(1995)

철학자 헤겔은 풀지 못하는 질문에 끙끙거리다 이런 대답을 했다. "철학이 답하지 못하는 질문들은 그렇게 제기되어선 안 된다는 대답을 얻은 것이다."[1] 그리하여 나 역시 질문을 흔들기 시작했다. 인간과 음악의 관계를 뗄 수 없다면, 인간이 아닌 것과는 어떤가? 흔히 말하는 '비-인간'은 음악과 어떤 관계를 갖게 될까? 인간이 사라진 곳에서 오히려 음악이 시작되는 모순적인 일들이 벌어지고 있는 건 아닐까? 어떤 음악들은 인간이 빈자리, 혹은 '비-인간'이 되어 버린 자리에서 태어난다. 물론 천천히 살펴보면 이

1   『헤겔, 영원한 철학의 거장』, 테리 핀카드 지음, 전대호, 태경섭 옮김, 이제이북스, 2006

말은 언어적 유희에 지나지 않으며 논리적 오류다. 처음 말한 인간은 유類적 존재로서 대문자 '인간'이고 뒤의 인간은 개별적 존재다. 그러나 공리주의적 태도를 잠시 내려놓고 상상력을 확장한다면 둘의 무게는 서로 겨눌 수 없다. '만물이 하나의 뿌리'이고 '우주에서 하나의 사람이 사라진다는 것은 하나의 우주가 사라지는 것'과 같기 때문이다. 하나의 '우주'가 사라진 자리에 남은 노래들은 남은 '인간'을 위한 노래가 된다.

10년 전 충남 당진의 한 제철소, 20대 청년이 작업 도중 1,600도의 용광로 속으로 사라졌다. 전원을 끄고 뼛조각을 수습하기 위해 용광로로 들어가기까지 남은 이들은 사흘을 더 기다려야만 했다. 열기가 식으려면 그만큼의 시간이 필요했다. 그렇게 한 청년이 사라진 자리에「그 쇳물 쓰지 마라」라는 노래가 남았다.

"광온(狂溫)에 청년이 사그라졌다/ 그 쇳물은 쓰지 마라/ 자동차를 만들지도 말 것이며/ 철근도 만들지 말 것이며/ 가로등도 만들지 말 것이며/ 못을 만들지도 말 것이며/ 바늘도 만들지 마라/ 모두 한이고 눈물인데 어떻게 쓰나?"

작시 제페토, 작곡 이지상

댓글 시인 제페토가 시를 쓰고 가수 이지상이 처음으로 불렀다. 그 후 10년이 흐른 2020년 가수 하림은 유튜브 챌린지를 통해 다시 노래를 알리면서 국회에서 수년 째 계류 중인 '중대재해기업처벌법' 제정에 대한 국민적 관심을 높였다.

제철소의 청년이 쇳물이 되기 40년 전, 그러니까 지금으로부터 50년 전인 1970년 가을. 청계천에서 재봉틀을 돌리던 또 다른 청년은 불꽃이 되었다. 아름다운 청년 전태일. 그가 사라진 자리에도 노래 하나가 남았다. 「그날이 오면」이다.

"한밤의 꿈은 아니리/ 오랜 고통 다한 후에/ 내 형제 빛나는 두 눈에 뜨거운 눈물들/ 한 줄기 강물로 흘러 고된 땀방울 함께 흘러/ 드넓은 평화의 바다에 정의의 물결 넘치는 꿈/ 그날이 오면 그날이 오면"

작사, 작곡 문승현

아름다운 멜로디와 서정적이지만 희망을 잃지 않는 가사가 힘든 시절 용기를 준다. 이 곡의 마지막 구절 '그날이 오면/ 그날이 오면'은 결코 종결되지 않는다. 노래가 가진 함의와 비범함이 오롯이 들어있다. 통상적으로 대중가

요는 으뜸음에서 시작해서 으뜸음으로 끝이 나야 편안하다. 그러나 이 곡은 집으로 돌아오는 길에 멈추어 선 듯 끝난다. 집으로 돌아오지 못했던 철강소 청년처럼 혹은 재봉틀 앞으로 다시 돌아오지 못했던 노동자처럼 말이다. 그리고 곡의 마지막 음표는 살짝 위를 향한다. 멈춰서 고개를 들어 '별이 빛나는 창공'을 바라보는 듯. '그날'은 오지 않을지도 모르는 유토피아의 시간이고 희망의 표식이다. 이상적이라는 둥 정신승리라는 둥의 비난에 좌절할 필요는 없다. 누군가 꿈을 꾸지 않았다면 우리는 지금도 돌도끼를 들고 빗살무늬토기를 빚고 있을지도 모르는 일이다. 철학자 알랭 바디우는 이렇게 말한다.

"희망은 시련을 이겨내는 충실성이다. 희망은 결국 보상되는 이상적 정의에 대한 상상이 아니라 실재에 대한 시련을 통해 진리에 대한 인내를 동반하는 것 또는 사랑의 실천적 보편성을 동반하는 것이다."[2]

노래가 끝난 자리. 그들이 멈추어 선 자리. 우리들은 먹고, 마시고, 사랑하며, 살고 있다. 음악은 이렇게 말하는 것 같다. 종결되지 않은 음표를, 길 위에 멈추어선 영혼을 쉬게 해 줄 수 있는 이들은 '인간-되기'를 멈추지 않고 '희망'하는 사람들뿐이라고 말이다.

---

2 『사도 바울』, 알랭 바디우 지음, 현성환 옮김, 새물결, 2008, 184쪽

2집 노래를 찾는 사람들 (1989) 커버

아크 ARCH-
공존을 위한 인문 무크지 1 **휴먼**

ⓒ 2020, 상지인문학아카데미 Sangji Humanities Academy

글쓴이	권명환 김기수 김종기 김재환 김창일 류영진
	박형준 배병삼 엄상준 우동주 예동근 이명원
	이병순 이성철 이한석 장현정 정천구 정훈
	조봉권 조재휘 차윤석 최원준 허동한
초판 1쇄	2020년 12월 15일
2쇄	2021년 01월 13일
발행인	허동윤
고 문	이성철
편집장	고영란
편집위원	박형준 장현정 정훈 조봉권
도 움	서동하 이소정
디자인	장현정 전혜정
기 획	㈜상지엔지니어링건축사사무소
주 소	부산광역시 중구 자갈치로42 신동아빌딩 5층
전 화	051-240-1527~9
팩 스	051-242-7687
이메일	sangji_arch@nate.com
출판제작	㈜호밀밭 homilbooks.com

ISBN 979-11-90971-12-6
ISBN 979-11-90971-13-3 (세트)

이 도서의 국립중앙도서관 출판예정도서목록(CIP)은 서지정보유통지원시스템 홈페이지(http://seoji.nl.go.kr)와 국가자료종합목록 구축시스템(http://kolis-net.nl.go.kr)에서 이용하실 수 있습니다. (CIP제어번호 : CIP2020052475)

상지 | 문의·접수 | 상지건축 경영지원본부(전화 051 - 240 - 1527 ~ 1529)
S·E·A Songji Environment & Architects Inc.
주관·주최 | (주)상지이앤에이/엔지니어링건축사사무소(홈페이지 www.sangji21c.co.kr/블로그 blog.naver.com/osangji)